「無」を「有」で読む

真逆の般若心経

臨済宗大本山向嶽寺修行僧
水野隆徳

プレジデント社

『真逆の般若心経』の刊行にそえて

このたび水野隆徳師が『真逆の般若心経』を刊行されました。

この著書は、師が生涯で「大恩」を受けた「三人の師匠」に捧げる「卒業論文」であると書かれています。

富士常葉大学学長、また奈良学園理事として、「功成り名を遂げられた」師が「尚、止まぬ向上の志・願心」を生来の縁の「仏道」とりもなおさず「禅」の修行体験に求められて、悟入された「呈偈《ていげ》」であります。

多くの方々に読まれて人々の不安にさいなまれる「心」が真に安定するよき機会になることを願うところであります。

令和　五年　五月　吉日

白隠宗大本山　松蔭寺住職　宮本圓明

序文

本書は三人の師匠に捧げるものです。

一人は私の父沢洲亮和尚大禅師です。父は臨済宗妙心寺派の寺の住職で、私が寺を継ぐことを願い副住職にまで導いてくださいました。父は、毎日の朝課は欠かしたことがなく、戦後の苦しい中で畑仕事・作務に努め、私にとっては尊敬する存在でした。私の耳と脳裏には、父が朝課や法要で読誦していた『般若心経』の音声・リズム・心が今でも焼き付いています。しかし私は、父の生前の恩に報いることができず、遷化後寺を去ってしまいました。両親には大変な親不孝をしたと、今でも後悔の念が頭を離れたことはありません。本書はまず父の仏前にお供えし、心経をお唱えするつもりでおります。

二人目は、白隠宗を開かれた玄奘峰禅師人和尚です。老師様は沼津市原の松蔭寺のご住職をしておられました。松蔭寺は「白隠禅師坐禅和讃」で知られる白隠《はくいん》慧鶴《えかく》禅師が中興された由緒あるお寺です。私が今僧侶としてあるのは、ひとえに老師様のおかげと感謝の想いで一杯です。老師様は、私の存じないところで私が僧侶として成長するために様々な手を尽くしてくださいました。また雲水衣、袈裟、法衣などすべて黙って揃えてくださいました。これを読みなさい、あれを読みなさい、と蔵書を随分頂戴しました。私が、『般若心経』について小さな記事をある雑誌に寄稿したときのことです。老師様に見て頂いたところ、「まだまだ」と一言。何かコメントをと思っていたのですが、それ以上申し上げることができず、その情景が十数年ずっと頭から離れませんでした。それ以降私は、『般若心経』にこだわり続け、やっと師の墓前にお供えできる『般若心経』論が一冊完成しました。奇しくも原稿完成は、老師様の二一回目のご命日でした。何か不思議なご縁を感じます。

私の現師匠は、臨済宗大本山向嶽寺《こうがくじ》派の管長、瑞松軒宮本大峰老大師様です。私は還暦の年になってから向嶽寺僧堂で初めて禅修行の道に入り、以後七五歳まで、二つの大学での奉職期間を除き老大師様の下で、接心《せっしん》など禅修行を体験させて頂きました。老大師様は、大変厳格な師匠で、文字通り十数年間苦しみ続けましたが、私が七五歳の時、

「檀家もない、法事もないお寺に入りたい。そこで香巖和尚に習って独行をしたい」と申し上げました。老大師様はすぐに「向嶽寺の塔頭《たっちゅう》真忠軒はどうか」と有難いお話をくださり、以後真忠軒で独行をしております。生い茂った草木・竹林を伐採し、建物を修復・作務に努めました。真忠軒は自然に恵まれた小宇宙です。その空間の中で私は、五蘊《ごうん》（宇宙・万物・自分の体と心）を観じ、独行を続けてきました。そこで到達した境地が、本書に記してある「五蘊」を「有」と見る（あるがままに見る）世界で、勝手ながら老大師様に捧げる真忠軒の卒業論文でもあります。禅の世界には卒業論文などあり得ませんし、認めていただけるかどうかわかりませんが、まだ大学の教養レベルと心得ています。次は、さらに高いレベルの『般若心経』論を目指したいと執筆を始めています。

真逆の般若心経　目次

第四章　「五蘊」を有りのままに見る

目次

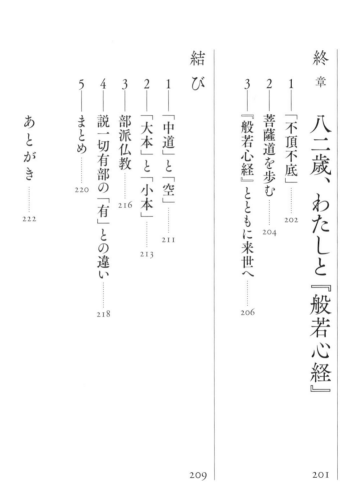

第一章　なぜ『真逆の般若心経』か

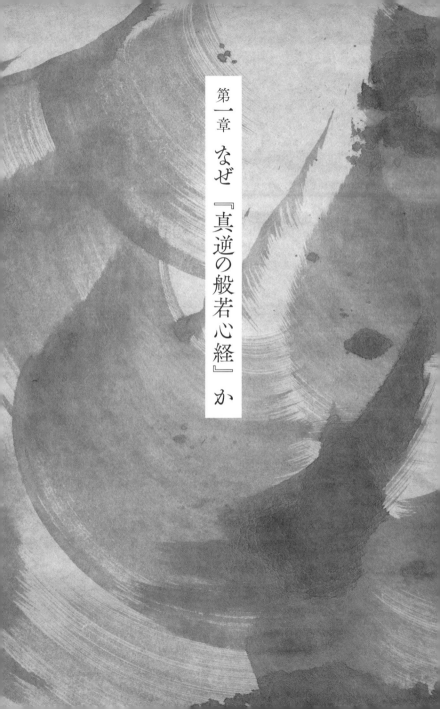

1——わたしの『般若心経』七五年の遍歴

「門前の小僧習わぬ経を読む」

わたしが『般若心経』の経文とリズムを意識するようになったのは、幼稚園から小学校にかけてのころです。「門前の小僧習わぬ経を読む」のたとえのとおり、静岡県の禅宗寺院の住職だった父が毎朝唱える『般若心経』を寝床の中で繰り返し繰り返し聞いているうちに、『般若心経』を自然に空んじることができるようになりました。やがて父の読経のリズム、音程に合わせることができるようになり、魚鱗《ぎょりん》（木魚）と振鈴《しんれい》、読経の声の三位《さんみ》一体の厳かな雰囲気に子供ながら浸っていたように思います。それ以降、わたしは『般若心経』とともにあり、『般若心経』を一日読まないと罪を犯しているようでなんとなく不安になり、『般若心経』を読むと心が落ちつくようになりました。

『般若心経』の冒頭には、「一切の苦厄を度したまえり」（一切の苦厄から解脱する）と説かれていますが、今になって振り返ってみると、『般若心経』にはこのような功徳があるのではないかと思っています。昔は、お通夜、お葬式などの檀家さんの法要はすべてお寺で営まれていましたので、中学・高校と進むにつれてわたしのお経に対する意識も高まってゆきました。

仏教・哲学書、思想・歴史書を読み耽る

大学は仏教系の大学学部には進まず、アメリカ研究を専攻しました。他方、教養としての哲学や宗教に深い関心をもち、さまざまな本を幅広く読み耽りました。

当時、一九六〇年代のことですが、日米安全保障条約の改定をめぐる反対運動やヴェトナム反戦運動が激しく燃え上がり、ヴェトナムでは僧侶の焼身自殺が起きたため、自分でも無に徹し心頭を滅却すれば焼身自殺ができるであろうかというように、仏教を自分の生き方として考える習慣が身についていきました。思想書や歴史書にも関心のおもむくまま手を広げていきました。

社会人となってからは、書店で目につく仏教の解説書を次々に買い求め、海外生活や金融の仕事にたずさわりながら仏教に対する関心をもち続けました。とくに『般若心

経』については相当数の解説書を読みましたが、内容について評価・判断する力は不十分で、いつも「空《くう》とは何か」「無とは何か」と自らに問いかけ、「空がわからない」「無がわからない」と焦っていた記憶があります。『般若心経』の「空」「無」に真正面から向き合ったのは、現在、わたしが独行している臨済宗大本山向嶽寺の塔頭である真忠軒での修行に入ってからです。

独行中一瞬の閃き、「無」「不」を「有」に置き換える

還暦を控えた五九歳のとき、わたしは自分なりの大きな出来事に直面し、それを契機として国際エコノミストから転身、仏道修行の道に入りました。道場は山梨県甲州市にある向嶽寺の専門道場、師匠は瑞松軒宮本人峰老大師様でした。一五年の修行を経て七五歳のとき、老大師様のご厚意で塔頭の真忠軒に入らせていただき、そこで雑木や竹林を伐採、生い茂った雑草を取り除いて独《ひと》り修行に励みました。

一～二年すると、『華厳経』や『法華経』の世界が少しずつ開けてきました。『金剛般若経』のどうしてもわからなかった箇所が、草むしりの最中に一瞬にしてわかることも

ありました。

甲斐《かい》の山から昇る月の輝き、満天の星の光、西の山に沈む真赤な太陽の輝き、庭の四季折々の草花の美しさ、すべてに『般若心経』の世界を観じるようになりました。夏の蝉の声、秋のコオロギやキリギリスの声、カラス、スズメの鳴き声に『般若心経』の世界が聞こえてくるようになりました。

この真忠軒の庭で、朝早く草刈りをしながら『般若心経』を観じていたときのことです。なぜか一瞬閃いたのが、**『般若心経』の「無」を「有」に換える**という発想でした。おそらく「空・空・空…」「無・無・無…」と『般若心経』を観じ続けてきた積み重ねが沸騰点に達し、閃きが生じたのだと思います。この発想を論理的に示すと次のようになります。

『般若心経』には、「五蘊はすべて空である」と説かれている。これは「五蘊はすべて有る。しかもそれらはすべて実体が無い」という意である。
↓
『般若心経』には続いて「五蘊は無である」と説かれている。

←然るに、今ここに自分がいる。大地に草が生えている。自分は鎌で草刈りをしている。自分も、大地も、草も、鎌も存在している。確かにすべてが存在している。確かにすべてが有る。

←とすれば「五蘊は有る」という『般若心経』があっても良いのではないか。

これは誰から見ても突拍子もない発想かもしれません。何しろ千数百年の間「無」を基軸に置いた『般若心経』が連綿と続いてきたわけですから当然です。しかしながら、仏教学者でも研究者でもないわたしには、この発想が学問的に正しいかどうか判断がつきかねています。私は「無と有は表裏一体」と考えていますが、そのためとりあえず、『般若心経』の無の字を有に換えるとどのようなお経になるのか」、試してみるつもりで本書を執筆してみました。『真逆の般若心経』としている所以です。

「一瞬の閃き」については合点のゆかない方も多々あるかと思いますが、後段の第六章で事例を記してあるように、ある禅者は、師匠が立てた「指」を見た瞬間大きな悟りを開き、別の禅者は、掃除の最中、捨てた石が竹に当った音を聞いた瞬間大きな悟りを開きました。このような大禅匠とは比較になりませんが、わたし自身も、草取りをしているとき突然公案《こうあん》が解けたり、散る紅葉に空を感得したりなど、いくつかの小さい悟りの積み重ねを体験しています。真忠軒での独行中の一瞬の閃きもこれと同じです。

2――これぞ衆生のための『般若心経』

『般若心経』の「無」を「有」に換えてみたことについては、別の理由もあります。一つは、このようにすれば『般若心経』は衆生《しゅじょう》（一般の人々）のための『般若心経』になるのではないか、という発想です。

『般若心経』は「般若波羅蜜多の実践によって五蘊はすべて空である」と見究めるお経で、基本的には菩薩・仏を目指す**仏道修行者のためのお経だといっていい**でしょう。ですから『般若心経』の冒頭に説かれている「般若波羅蜜多」（仏の智慧）の実践といっても容易なことではありません。仏道修行も実に厳しい修行です。『般若心経』の「空」を見究め、「無」の境涯を手に入れるには、誰でも少なくとも数年はかかります。

修行者にとってさえそうですから、このような修行は、世俗を生きる衆生（一般の人々）にとってはとても難しいことです。わたしはかねてより、「『般若心経』を本当に自分のものとしたい」「衆生のものとしたい」と考えてきましたが、ふと「五蘊を無と観じるのは難しい、有るがまま（有）に見るほうが容易ではないか。それは衆生の日常生活の智慧だ」と思いついたのです。仏の智慧は、厳しい修行をしないと得ることはできません。しかし、衆生が日常働かせている智慧であれば、それは生まれつきの天性の智慧であって、精進すれば磨くことができます。

衆生の智慧とは具体的にいうと、芸術家の智慧、小説家の智慧、職人の智慧、サラリーマンの智慧、経営者の智慧、教師の智慧、主婦の智慧、子供の智慧と千差万別、限りがありません。お釈迦さまは「一切の衆生、悉《ことごと》く皆如来の智慧・徳相を具有す」といわれました。白隠禅師も「衆生本来仏なり」といわれました。衆生は一人ひとりそれぞれの智慧を備えています。その智慧を働かせるとはどういうことかというと、六根（眼・耳・鼻・舌・身・意）の機能を働かせ、六境（色界・声界・香界・味界・触界・法界）の感受性を鋭敏にし、六識（眼識・耳識・鼻識・舌識・身識・意識）を研ぎ澄ませていくことです。そうするとまったく新しい世界が開けてきます。

詳しくは後述しますが、まず「眼の働き」の例を挙げてみます。

『般若心経』の主役は「観自在菩薩」です。この観自在菩薩の「観」は、よく「観る」（見る）という意です。よく見るということは、「有るものを有るがままに見る」ということです。仏教においては、お釈迦さま以来観察力が重視されています。「眼力《がんりき》」という言葉があります。江戸時代後期の漢学者頼山陽、あるいは田沼時代の奇才平賀源内の作ともいわれる俗謡に、「大坂本町糸屋の娘／姉は十六、妹は十四／諸国大名は弓矢で殺す／糸屋の娘は目で殺す」というのがありますが、『真逆の般若心経』はこの眼の力を重視しています。

宇宙・万物の真理・法則を探究するには眼の力が大切です。ものごとの善悪・是非を判断するに当たっても眼の力が大切です。

『真逆の般若心経』においては、このようなわれわれの「六根」（眼・耳・鼻・舌・身・意）の働きに目を向けています。わたし個人としても、日常、眼を働かせること、耳を働かせること、鼻を働かせること、舌を働かせること、体を働かせること、心を働かせることに努めています。眼を働かせるというのはよく見ることです。世界の動きをよく見る。世間をよく見る。人をよく見る。何よりも自分をよく見る。自分がよく見えるようになると、世界も、世間も、人もよく見えるようになります。これはわたし自身の体験に基づくものです。

わたしにとって目下の課題の一つは、第一線からやや離れたとはいうものの、世界の経済・金融・政治情勢を有るがままに（主観的にではなく、できる限り客観的に）よく見て分析し、記事を書いたり講じたりすることです。そのためわたしは毎日、新聞の隅々にまでよく目を通し、さまざまな分野の本を読み、多角的に情報を集めています。

わたしは昨年（令和四年）八二歳となり、幸いなことにお釈迦さまがお亡くなりになった年を超えることができました。お釈迦さまの最後の旅に倣《なら》って毎日一万二〜三千歩を歩き、全身のストレッチを丹念に行って体力維持に努めています。これも、わたしの五蘊の働きを維持・強化するためです。体力がつき精神が充実してくると、五蘊の働きが目に見えてよくなるものです。五蘊が内に籠らず、何事にも前向き、積極的になります。

『般若心経』の「無」を「有」に換える意味・意義がおわかりいただけたでしょうか。

3――明るく、ポジティブな教え

『般若心経』は、数あるお経の中でも日本人にもっとも広く知られているお経です。わが国の仏教宗派の中で、浄土真宗と日蓮宗を除く各宗派の勤行や法要でよく読まれているお経でもあります。「色即是空」といえば『般若心経』といわれるほど人々に知られています。しかしながら一方において、「『般若心経』は難しい」「無、無、無と無がたくさん出てくるけれど意味がわからない」という意見や、「否定語が多く暗くてネガティブだ」という意見もあります。もちろん、そうしたとらえ方は間違いだという学者、研究者はたくさんおられます。

しかし、そのような状況を踏まえて、わたしは数年前より「わかりやすく」「明るく」「ポジティブ」な『般若心経』論を世に問うてみたいと考えていました。

『般若心経』は本来、仏道修行者が瞑想して五蘊を「空」「無」と観じることを説いているお経です。そこではすべての存在が滅尽しています。眼も、耳も、鼻も、舌も、身も、意志も滅尽《めつじん》しています。苦しみも、生も、老いも、病も、死も滅尽しています。

　これは、仏道修行者にとっては究極の悟りの世界ですが、現実の世界に生きている人々、信者などの立場からすると、別次元の世界ということになります。二〇年ほどにわたって仏道修行をしてきた人間として、わたしは『般若心経』が人々にとってわかりやすく身近な存在であってほしいと願っています。また、明るく、ポジティブな『般若心経』であってほしいと願っています。さらに実践的な『般若心経』であってほしいと願っています。

『真逆の般若心経』の「有」の対象は**現実の人間**です。**現実社会**です。**現実社会に生きる人間**です。わたしは寺に生まれ育ち、今も仏に仕える身ですが、その間金融マンとして、国際エコノミストとして世界中をとびまわり、さらに評論家として、大学経営者として、現実社会に生きてきました。こういう経歴・経験からわたしは今、八二歳の身で何としても『般若心経』を現実社会で生き生活している人々にとって役立つものにしたいと考えています。『真逆の般若心経』は、このようなわたしの願いから執筆されたものです。

4──『般若心経』の「空」と「無」

『真逆の般若心経』を執筆していくに当たって、『般若心経』の「空」と「無」についてわたし自身の解釈を明らかにしておきたいと思います。というのは「空」と「無」は、非常に難しい思想・概念・言葉であり、仏教書・著者によってさまざまな解釈・解説がなされています。したがって本書の真意を正確にお伝えするには、わたし自身が「空」「無」をどのように理解しているかをお示しすることが必要である、と考えているからです。

「空」について

『般若心経』は、紀元後二世紀から八世紀ころまでに創られた厖大な「般若経典」の中の一つで、般若経の真髄がごく短くまとめられたお経です。わが国では玄奘三蔵訳の漢字二七六文字の経典が普及しています。

「般若経典」は、「空」の思想を根底としていて、菩薩の実践徳目である六波羅蜜の実践、中でも般若波羅蜜の実践によって人々の苦厄を取り除く道を説いています。

「空《くう》」とは、一般的には難しい言葉で、『織田佛教大辞典』には次のように記されています。

「因縁所生の法。究竟して實體なきを空という。」

難しい説明ですが、あらゆる事物は縁起によって成り立っており、永遠不変の実体はないという意味です。

このように「空」とは、「そら」とか、「なにも無い」という意味ではありません。ひと言でいうと**縁起《えんぎ》と同じ**です。『般若心経』の冒頭には「五蘊皆空」（五蘊はすべて空である）、「諸法空相」（諸法は空相である）と述べられていて、それは**五蘊はすべて縁起によって成り立っている**、という意なのです。「**縁起**」**とは、**「**因縁生起**」**の略**で、この世のすべてのものはさまざまな原因（因）や条件（縁）によって成り立っているということです。**お釈迦さまの大切なお悟りの一つです**。そのほかのわかりにくい説明・解説は必要ありません。それがわたしの基本的立場です。

〈本書での引用文献について〉

本書では「佛教大辭典」に関し、『織田佛教大辭典』（織田得能、一八六〇～一九一一、万延一～明治四四年）を使っております。また、「空」の説明に当っては、宇井伯壽博士（一八八二～一九六三、明治一五～昭和三八年）の『仏教思想研究』から引用しております。なぜ明治から大正期の学者の書物を引用しているのかという疑問もあるかと思いますが、わたしは師匠である中島玄奘老師様の書棚に並べてある境野黄洋（一八七一～一九三三、明治四～昭和八年）、加藤咄堂（一八七〇～一九四九、明治三～昭和二四年）などの仏教学者の著作に親しんできました。このようにわたしは、中村元博士の様な近年の学者だけではなく、明治から大正の学者の著作にもかねてより関心があり、参考にしているのです。

「無」について

「無」も同じく難しい言葉で、考えによっては「空」よりも難しいかもしれません。これも『織田佛教大辭典』で見ると次のように記されています。

「梵語、阿、A、無、非、不と釋《やく》す。世俗に之を釋《やく》せば只是事物の存在を否定する辭なり。勝義に之を釋せば、無に二種あり。惑智の無と聖智の無是なり。惑智の無は断見のみ。聖智の無は**有無を超へたる妙無なり**」

ここでは**傍線**部分の「**有無を超へたる妙無なり**」に注目してください。ここに記されているようにわたしは禅修行の体験から、『般若心経』の「無」とは「**有と無の対立を超えたものである**」ととらえています。これは、言葉によって説明・理解できるものではなく、瞑想し五蘊を徹底して観じることによって体験できるものです。

試みに、みなさんも五蘊を観じてみてください。一～二年あるいは二～三年繰り返していると、五蘊が滅尽《めつじん》してきます（無くなってきます）。宇宙が滅尽してきます。万物が滅尽してきます。わたしの体と心が滅尽してきます。「無」も「有」も滅尽してきます。わたしの認識では、それは、哲学者・西田幾多郎氏の「絶対無」に同じです。あらゆる存在がない状態、我《われ》も汝《なんじ》も仏も神もない境涯です。

『般若心経』の「無」は、このように理解しないと、「有・無二辺」の一辺の無に偏してしまい、お釈迦さまの「有」にも「無」にも片寄らない「中道」思想に反してきます。

「中道」とは、お釈迦さまが厳しい修行を終えられた後、最初の説法（初転法輪）で説かれた、(1)中道、(2)四諦《したい》、(3)十二因縁のひとつで、「断・常の二見」、あるいは「有無の二辺」の対立を離れた不偏にして中正な道のことです。

『般若心経』の「無」とは、このように有・無の二辺を超越した「無」、すなわち、わたしの禅体験では**絶対無**です。この禅体験については後述します。

5――『真逆の般若心経』の「有」

「五蘊皆空」の意味は「五蘊はすべて有る、しかもそれらはすべて実体は無い」ということです。それでは、この「五蘊はすべて有る」とはどういう意味でしょうか。

それは、宇宙は確かに存在する、万物は確かに存在する、わたしの体と心は確かに存在するということです。これは誰も否定できません。『真逆の般若心経』においては、この存在がさまざまな原因（因）や条件（縁）によって成立する事実（因縁生起）に目を向けています。この存在は不変、永遠不滅の存在ではないことに注意してください。

「般若経典」の一つに『金剛般若経』（正式には『金剛般若波羅蜜多経』、略して『金剛経』）があります。『金剛経』は、禅宗史では、六祖の慧能禅師がその中の一句を聞いて大悟されたと伝えられており、とくに禅宗で尊ばれているお経です。

その中に「応《おう》無《む》所《しょ》住《じゅう》而《に》生《しょう》其《ご》心《しん》」（まさにその住することなくしてその心を生ず）という禅の公案ともなっている言葉があります。これは、われわれ日常生活の所作そのものなのです。われわれは、玄関でベルが鳴ったら、即座に「はーいっ」と応じて玄関に出ていきます。急に雨が降りだしたら、急いで外に干していた洗濯物を取り込みにかかります。ここに考える余地（分別知の働く余地）はまったくありません。ベルの音、雨が因となり縁となってわれわれの行動が起こる因縁生起の世界です。ベルが鳴るのも有るがまま、玄関に出ていく人も有るがまま、雨が降るのも有るがまま、洗濯物を取り込む人も有るがままです。

別の事例を挙げてみます。お釈迦さまは、厳しい修行の後、明けの明星をご覧になって「山川草木悉皆成仏。一切の衆生、悉く皆如来の智慧・徳相を具有す」と快哉を叫ばれました。山も川も草も木もすべて如来の智慧・徳を備えているというのです。ここではお釈迦さまは有るがまま、明けの明星も有るがまま、山も有るがまま、川も草も木も有るがままです。このように『真逆の般若心経』の「有」は、存在（有るもの）が有るがままに有る世界を対象としています。すべての存在が滅尽した「無」の世界ではありません。

さらに私の説く『真逆の般若心経』では、ご入滅前のお釈迦さまの最後の旅について数々のお姿を取り上げています。僧院での修行僧との坐禅・瞑想、在家・信者・人々との対話や説法、激痛に襲われた深刻な病、老い衰えたご入滅直前のお姿等々を記しています。お釈迦さまは、山中における厳しい修行による「絶対無」の体験によって「有・無の二辺」を離れ、一辺に偏しない中道に到達されています。

それは、永遠不滅の仏陀（ブッダ）としてのお釈迦さまではなく、歴史上の人物としての存在（有るもの）が有るがままに有るお姿です。

これらの事例に見られるように、『真逆の般若心経』の「有」は、永遠不変の実体がある存在ではありません。空なる「有」です。因縁によって生起する「有」です。「因縁」に依存し、「因縁」によって変化する「有」です。

これは「説一切有部」の修行者の説いた「有」とは決定的に異なっています。この点については、結び4で言及しています。

わたしが本書を「試論」として執筆した所以は、以上述べた「無」を「有」に転換した論理展開が仏教教義から見て誤りがないかどうか、学問的見地からのご意見をいただきたいと考えているからです。

6——「空」は「有」に換えない

『般若心経』の「無」を「有」に換えたことについて、読者の中には「空は換えないのか」という疑問を抱かれる方もおられるかと思います。というのは、一般的には「空」は〝空っぽ〟〝何も無い〟という意味で、「無」と同じではないか、と考えられているからです。しかしながら、『真逆の般若心経』において「空」は「有」に換えてありません。理由は二つあります。

第一は、すでに記した様に『般若心経』の「空」と「無」では意味が異なっているからです。『般若心経』の「空」は縁起です。「無」は、有と無の対立を超越した絶対無のことです。明らかに違います。

第二に、「空」は、『般若心経』を含む「般若経典」の根本思想であり、「空」でないと「般若経典」ではなくなるからです。

「般若経典」とは、大乗仏典の一つで、すべて「般若」という称をもち、「空」の思想を根底として般若波羅蜜多による菩薩道の実践を通じ衆生の苦を取り除くことを目指している経典です。紀元後二世紀から八世紀ごろまでの長きにわたってさまざまな「般若経典」が編纂され、その中でも『般若心経』は「般若経典」の精髄を説いたお経とされていますから、「空」を「有」に換えるわけにはいかないのです。「真逆」とつけてはいても、本書も「般若経典」の一角をなすものと、わたしは認識しており、その点では同様です。

7――換えていない「無」もある

『般若心経』は、全体で二七六文字から成り立っているごく短いお経です。その中に「無」は二一文字ありますが、『真逆の般若心経』では一四文字を「有」に換えてあります。それでは、残り七文字はなぜ「有」に換えないのか、この点を説明しておきたいと思います。

まず「無明」については、それ自体で意味のある言葉ですので「有」に換えることはできません。次に「無罣礙」と「無有恐怖」についてですが、これは菩提薩埵が般若波羅蜜多の実践によって到達した悟りに関するものですから、「心にこだわり・わだかまりが無くなった」「恐怖が無くなった」という境地が仏教の教義にかなっています。したがって「有」に換えていません。

最後に「無上呪」と「無等等呪」ですが、「無上」と「無等等」もそれ自体で意味のある言葉で、「有上」とか「有等等」という言葉はあり得ません。したがって「有」に換えていません。

8――「不」も「有」に換える

『般若心経』には、「六不」といって「不」が六文字あります（全体では九文字）。これら六文字も「有」に換えています。このようにして「無」と「不」を「有」に換えると、『真逆の般若心経』は次のようになります。

摩訶般若波羅蜜多心経《まかはんにゃはらみたしんぎょう》

観自在菩薩《かんじーざいぼーさつ》。行深般若波羅蜜多時《ぎょうじんはんにゃーはーらーみーたーじー》。照見五蘊皆空《しょうけんごーうんかいくう》。度一切苦厄《どーいっさいくーやく》。舎利子《しゃーりーしー》。色不異空《しきふーいーくう》。空不異色《くうふーいーしき》。色即是空《しきそくぜーくう》。空即是色《くうそくぜーしき》。受想行識《じゅそーぎょうしき》。亦復如是《やくぶーにょぜー》。舎利子《しゃーりーしー》。是諸法空相《ぜーしょうほうくうそう》。有生《うしょう》有滅《うめつ》。有垢有浄《うくーうじょう》。有増有減《うぞううげん》。是故空中《ぜーこうくうちゅう》。有色有受想行識《うしきうじゅーそうぎょうしき》。有眼耳鼻舌身意《うげんにーびーぜっしんにー》。有色声香味《うしきしょうこーみー》触法《そくほう》。有《う》眼界《げんかい》乃至《ないしー》有《う》意識界《いーしきかい》。有《う》無明《むーみょう》。亦《やく》有《う》無明尽《むーみょうじん》。乃至《ないしー》有《う》老死《ろうしー》。亦《やく》有《う》老死尽《ろうしーじん》。有《う》苦集滅《くーしゅうめつ》道《どう》。有《う》智《ちー》亦《やく》有《う》得《とく》。以《いー》有《う》所得故《しょとくこ》。菩提薩埵《ぼーだいさったー》。依般若波羅蜜多故《えーはんにゃはーらーみーたーこー》。心無罣礙《しんむーけいげー》。無罣礙故《むーけいげーこー》。無《むー》有恐怖《うくーふー》。遠離一切顚倒夢想《おんりーいっさいてんどうむーそう》。究竟涅槃《くーぎょうねーはん》。三世諸仏《さんぜーしょぶつ》。依般若波羅蜜多故《えーはんにゃはーらーみーたーこー》。得阿耨多羅三藐《とくあーのくたーらーさんみゃく》三菩提《さんぼーだい》。故知般若波羅蜜多《こーちーはんにゃはーらーみーたー》。是大神呪《ぜーだいじんしゅ》。是大明呪《ぜーだいみょうしゅ》。是無上呪《ぜーむーじょうしゅ》。是無等等呪《ぜーむーとうどうしゅ》。能除一切《のうじょーいっさい》苦《くー》。真実不虚故《しんじつふーこーこー》。説般若波羅蜜多呪《せつはんにゃはーらーみーたーしゅ》。即説呪曰《そくせつしゅうわつ》

羯諦《ぎゃーてい》　羯諦《ぎゃーてい》　波羅羯諦《はーらーぎゃーてい》　波羅僧羯諦《はらそうぎゃーてい》　菩提薩婆訶《はーじーそわか》

般若心經《はんにゃーしんぎょう》

9――『般若心経』との違い

それでは『真逆の般若心経』は『般若心経』とどう違うのか。両者の内容の基本的違いをわかりやすいように一覧にしてみます（次ページ）。

これを見れば、『真逆の般若心経』は、『般若心経』とはまったく真逆になっていることが一目瞭然です。五蘊、諸法、六根・六境・六識、四諦、十二因縁など、お釈迦さまの根本的教えについて、

「『般若心経』は、「無」の視点から説いたお経」

であるのに対して、

「『真逆の般若心経』は、「有」の視点から説いたお経」

となります。まったく真逆です。

	『般若心経』	『真逆の般若心経』
五蘊	空	空
諸法	空	空
生滅・垢浄・増減	不	有
色受想行識	無	有
眼耳鼻舌身意	無	有
色声香味触法	無	有
眼界乃至意識界	無	有
無明・無明尽	無	有
老死・老死尽	無	有
苦集滅道	無	有
智・得	無	有
罣礙	無	無
有恐怖	無	無
無上呪	無	無
無等等呪	無	無

第二章　お釈迦さまのイメージが変わる!!

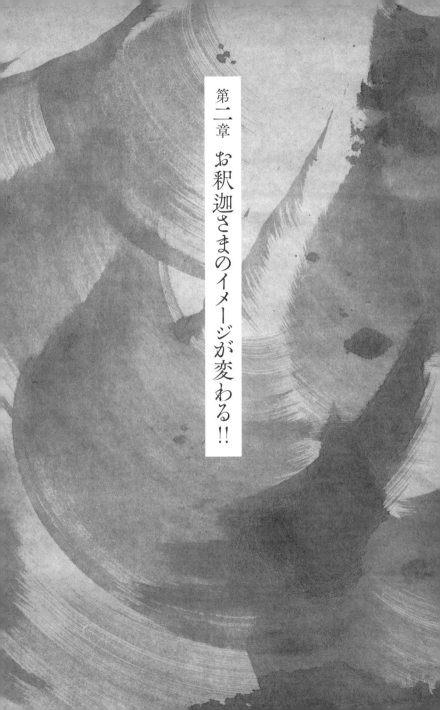

1――お釈迦さまの教えと『真逆の般若心経』

私の説く『真逆の般若心経』には理想的な人物像があります。多くの方が想像できないと思いますが、それはお釈迦さまです。

読者のみなさんは、お釈迦さまにどのようなイメージをおもちでしょうか。さまざまあると思いますが、共通するのは、「修行を完成させてお悟りを開かれた方」というものではないでしょうか。因みに、お釈迦さまとは「**釈迦牟尼（シャーキャムニ）の親称**」です。「牟尼」とは、『織田佛教大辞典』によると「**寂黙**」「**寂静**」の意で、「シッダールダ太子が始めてカピラ城に入るときの様子が**寂静・無言**であったため、父王から**牟尼**の称を与えられ、出家してのち常に修行を修して**寂静・無言**であったために時の人から**牟尼仙**の号を受けられた。」（筆者意訳）と記されています。

このようにお釈迦さまは、現代のネパール西南部の釈迦族の国の王子として生まれ、生老病死の四苦から逃れるために出家、六年の過酷な修行の後にお悟りを開かれました。それから四五年間、八〇歳でお亡くなりになるまで『般若心経』に記されている

「四諦・八正道・十二因縁」などのお悟りについて修行僧や民衆に法話をして歩かれました。同時にそこで多くの人々との市井の生活も楽しまれておられました。

『真逆の般若心経』の「有」は現実に生きる人間そのものですから、このようにわれわれと変わらない生活をされていたお釈迦さまの日常に深い関心を向けています。瀬戸内寂聴さんは、『寂聴般若心経』の中でお釈迦さまの有りのままのお姿に遠慮ない表現で繰り返し言及されています。

「お釈迦さまは八十まで生きました。ほんとに人のために一生懸命尽くして、どんなやすらかな死にかたをするかと思ったら、これがとんでもないんですね。旅の途中で、あるときアーナンダ——阿難《あなん》と漢字では書きますが、ずっと一緒にいるお供のお坊さんです。そのアーナンダに、しみじみと言いました。

『アーナンダよ。自分はもう八十になって、ポンコツ車になっちゃった』

とてもいいと思いません？　お釈迦さまが偉い、偉い人で、病気もしないし老いもしない、いつまでたってもきりっとしてるなんていうと、そんな恐ろしい人には、とても近づけないと思うけれども、八十になって、『アーナンダよ、わしは腰が痛い、足が痛い、歯も抜けた』……車にたとえたらポンコツだなんて、ぐちをいう人、何か可哀相じゃありませんか。こういう人だから、私はお釈迦さまが好きなんですね。」（出所：新装版『寂聴　般若心経—生きるとは』瀬戸内寂聴、二〇二一年、中央公論新社、P28〜29）

言葉遣いを見る限り、お釈迦さまに対する気遣いも遠慮もありません。

もう一つ引用すると、ご入滅の直前、お釈迦さまは、鍛冶屋のチュンダの家でご夕飯を召し上がります。

「ところが、その食事の中に毒茸が入っていたんです。ほかの本には腐った豚とも書いてあります。とにかく、それにあたって、急性大腸カタルになってしまいます。疫痢か赤痢かもしれない。垂れ流しになってしまう。その状態でさらに旅を続けて、とうとうクシナガラというところで死んでしまいます。でもその時に、きれいな五色の雲がたなびいたりはしない。何の奇蹟も起こらないんです。医者にもろくにかかれずに、苦しんで、さびしく死ぬんですね。それでいいんです。それが人生なんですね。いいことをしたから、いい死に方をするなんて、そういうもんじゃない。

お釈迦さまは身をもって、人生とはこういうものだと教えてくださったように思われます。私はそういうお釈迦さまの人格と生き方、死に方になつかしいものを感じます。

そして、いっそう尊敬できます。」（前出、P29～30）

これはご入滅直前のお釈迦さまのお姿です。ここでも「垂れ流し」とか、「死んでしまう」「死に方」とか、お釈迦さまに対して失礼ともいえる表現が続きます。

『般若心経』論というと、とかく仏教教義に基づいた抹香臭い解説が多いのですが、寂聴さんのような自由で奔放な読み方をすると、お釈迦さまも『般若心経』も身近で親しみの湧く存在になると思っています。

2——興味深い『大パリニッバーナ経』

『大パリニッバーナ経』は、日本語で「ブッダ最後の旅」と訳されている原始仏典の一つです。そこには、お釈迦さまが入滅される前の興味深い出来事がさまざま綴られていて、いわばお釈迦さまの最後の伝記ともいうべきお経です。

『大パリニッバーナ経』には、お釈迦さまが部族の人々と戦争や政治の話をされたり、国王や長者の邸宅・別荘に滞在されたり、遊女のアンバパーリー（そのころの遊女は富裕で大邸宅に住み、金持ちの人々のために歌舞音曲をもって奉仕していた。わが国の王朝時代の白拍子のような存在。大商業都市ヴェーサーリー市の繁栄は遊女に負うところ大であったといわれている）から心尽くしの手料理の饗応を受けられたり、おそらくはみなさんのブッダ観が大きく変わってしまうような事実を知ることができます。

わたしは、お釈迦さまが最高の覚者・聖者であるとともに、温かい人間的側面を併せもっておられたことにこの上ない魅力を感じています。

お釈迦さまの最後の旅は、長くとどまられていた王舎城の鷲の峰に始まり、最後はお亡くなりになったクシナーラー（クシナガラ）市まで、実に長い旅でした。ガンガー（ガンジス）河も渡られています。

丸山勇氏の『ブッダの旅』（二〇〇七年、岩波書店）によりますと、お釈迦さまが活躍された舞台は、「ガンガー河の中流域を中心に、およそ四〇〇キロ、南北三〇〇キロ」とされています。最後の旅で辿られた地域もほぼこの範囲におさまっていますので相当な距離を歩かれていたことになります。今の長寿の時代でも八〇歳でこのように長い旅ができる人はあまりいないでしょう。

その旅には、お釈迦さまの「僧院」での寂静・平安な生活と「世俗社会」での自由な生活がともに記されています。「世俗社会」での生活とは、お釈迦さまが世俗の人々と人生を楽しまれている生活です。その意味で『大パリニッバーナ経』は、『真逆の般若心経』のお手本となる大変魅力ある仏典です。

3――お釈迦さまの自由の境涯

お釈迦さまは覚者・聖者ですから、われわれとはまったく次元の異なった世界に住し、無欲の生活を送られていたように思えます。また楽しいとか悲しいとかいう感情を抑えて表に出すこともなかったように考えがちです。ところが、次に示すようにお釈迦さまは、旅の生活を随分**楽しまれていた**ようです。**人生を楽しむ**。これが『真逆の般若心経』の世界です。

チャーパーラ霊樹のもとで!!

お釈迦さまは、旅先では家々を訪ね、米銭を鉄鉢《てっぱつ》に受けてまわる生活をされていました。これを托鉢《たくはつ》とか、乞食《こつじき》、行乞といいますが、お釈迦さまのヴェーサーリー市での托鉢の様子が次のように記されています。

「さて尊師は早朝に内衣を着け、外衣と鉢しをたずさえて、托鉢のためにヴェーサーリー市に入って行った。托鉢のためにヴェーサーリーを歩んで、托鉢行からもどって、食事をすませたあとで若き人アーナンダに告げた。──『アーナンダよ。坐具をもって行け。わたしはチャーパーラ霊樹のところに行こう、──昼間の休息のために。』『かしこまりました』と、若き人アーナンダは尊師に答えて、坐具を携えて、尊師の後に従って、ついて行った。そこで尊師はチャーパーラ霊樹のもとに赴いた。赴いてから、あらかじめ設けられていた座席に坐した。若き人アーナンダは尊師に敬礼して、一方に坐した。一方に坐した若き人アーナンダに、尊師はこのように言われた。──『アーナンダよ。ヴェーサーリーは**楽しい**。ウデーナ霊樹の地は**楽しい**。ゴータマカ霊樹の地は**楽しい**。七つのマンゴーの霊樹の地は楽しい。バフプッタの霊樹の地は**楽しい**。サーランダダ霊樹の地は**楽しい**。チャーパーラ霊樹の地は**楽しい**。』（出所：『ブッダ最後の旅─大パリニッバーナ経─』中村元・訳、一九八〇年、岩波書店、P65〜66）

お釈迦さまは、**楽しい、楽しい**とお言葉を連発されています。「ウデーナ霊樹の地」とは、ウデーナという霊樹の場所に建てられた僧院（精舎）のことです。

それでは、お釈迦さまはその僧院生活がなぜ楽しかったのでしょうか。『ブッダの人と思想』に次の記述があります。

「仏教教団は　こうして大きな拠点を得ました。その教線は後代伝えられるほどではありませんでしたが、ガヤから王舎城、パーナからヴァイシャーリー、カピラヴァットゥの線を基軸として、西の方に向かって舎衛城のあるコーサラ国、さらにアラハバードに近いコーサンビーに至る範囲まで広がっていたと考えられます。

仏のあらわれたまうのは**楽しい**。正しい教えを説くのは**楽しい**。集いが和合しているのは**楽しい**。和合している人々が修養しているのは**楽しい**。——『ウダーナ』

ブッダの在る所は、この右の言葉に集約されているといっていいでしょう。こうした言葉を読みますと、ブッダの人柄から滲み出る慈愛の波が、修行僧たちにしみ透って和やかな雰囲気を作っていたことがわかります。」（出所：『ブッダの人と思想』中村元、田辺祥二、一九九八年、NHK出版、P138）

お釈迦さまがとどまられている僧院にはお釈迦さまのお人柄から譲し出される慈愛の心が行き渡り、修行僧は和合して修養に努めていました。お釈迦さまは、その和合の雰囲気を**楽しまれていた**ようです。和合の中心におられるのが**楽しかった**のでしょうか。

お釈迦さまが行かれた先々は霊樹の地でしたから、自然の美しさも楽しまれていたに相違ありません。このように、人と会うことを**楽しむ**。会話を**楽しむ**。家庭を**楽しむ**。

会社を**楽しむ**。仕事を**楽しむ**。これが『真逆の般若心経』の世界です。

遊女アンバパーリーのもてなし

お釈迦さまは、旅の途上、商業都市ヴェーサーリーで遊女アンバパーリーの所有する園林に宿をとられました。お釈迦さまと遊女というと意外に思われるかもしれませんが、ヴェーサーリー市は、インドの十六大国の一つ、ヴァッジ国内にあった商業都市でリッチャヴィ族が住んでいました。ガンガー河を挟んでマガダ国と対峙し、また交通の便を利用した物資の交流も盛んで、殷賑《いんしん》を極める商業都市として繁栄していました。前述のように、ヴェーサーリー市の繁栄はまた遊女に負うところが多かったといわれ、富裕な遊女は広い園林を所有し、寺院にも多額な寄付をしていました。『大パリニッバーナ経』に興味深い記述があります。

「ヴェーサーリーは富み栄え、人民多く、人間が集まり、物資豊かであり、七千七百七の宮殿、七千七百七の重閣、七千七百七の遊園、七千七百七の蓮池があった。**遊女アンバパーリー**（Ambapālikā）がいたが、容色端麗で、見めよく、美貌すぐれ、蓮華のような容色あり、舞踊・歌謡・音楽を能くし、求愛する人々に言い寄られ、一夜に五十金を受けた。かの女によってヴェーサーリーはますます繁栄した。」（P224）

ヴェーサーリー市で一番の高級遊女アンバパーリーは、かねてお釈迦さまに厚く帰依していたようです。お釈迦さまは、彼女の園林に宿泊されることになったのですが、これを知ったリッチャヴィ族との間で争いが起きました。リッチャヴィ族は市の名門貴族です。彼らは、お釈迦さまがアンバパーリーからお食事のおもてなしを受けられることを知って「やあ、アンバパーリーよ。十万金をあげるから、そのお食事のおもてなしをわれわれにさせてくれ。」（P56）と彼女に迫ります。

アンバパーリーはこれを撥ねつけます。「貴公子さまがたよ。たとえあなたが、わたくしにヴェーサーリー市とその領土とをくださっても、このようなすばらしい食物のおもてなしをゆずりは致しません。」

アンバパーリーの強い姿勢には驚きますが、興味深いのは、リッチャヴィ族の人々の反応です。彼らは指をパチッと弾いて嘆きました。これは負けたという表現です。

「ああ残念だ。われわれは、たかが女の子に負けてしまった。われわれは、つまらぬ女の子にだまされた。」

「たかが女の子」「つまらぬ女の子」という表現には、お釈迦さまをとられてしまったリッチャヴィ族の無念さがあらわれています。ご存知のようにインドは古来カースト制度の厳しい国です。しかもアンバパーリーは遊女。しかしリッチャヴィ族は、お釈迦さまのおもてなしをめぐるアンバパーリーとの争いから手を引かざるを得ませんでした。

お釈迦さまは、アンバパーリーが所有する園林に宿を定め、食事のおもてなしを受けられました。アンバパーリーは、徹夜しておいしい食物と吸い物を用意して、お釈迦さまに差し上げました。修行僧たちにも手ずからお食事を給仕しました。

覚者・聖者であるお釈迦さまと高級遊女とのアンバランスも興味深いことですが、アンバパーリーの心尽くしのお料理とはどんなメニューだったのでしょうか。お釈迦さまはこれを「おいしい」「おいしい」と言って召し上がられたのでしょうか。このような想像力が限りなく広がります。小説も書けそうです。

お釈迦さまの政治的眼力

お釈迦さまは出家者です。そのため一般的には、世俗のことには無関心で、俗世間からは超越されていた、と考えている方が多いと思います。ところがお釈迦さまは、世俗の事柄に驚くほど鋭い感覚をもっておられたのです。当時、中インドにマガダ国というインド最大の強国がありました。マガダ国は農業の生産性が高く強い軍事力をもっていて、アジャータサットゥ国王は、ガンガー河北岸に広大な領土を有するヴァッジ族を征服し、根絶しようともくろんで、お釈迦さまに使者を派遣し、意見を求めました。これに対してお釈迦さまは、ヴァッジ族の状況を把握するため侍者のアーナンダに、①ヴァッジ族は、しばしば会議を開き、会議には多くの人々が参集しているか、②ヴァッジ族は、法律にしたがって行動しているか、③ヴァッジ族は、尊敬さるべき修行者に正当な保護・防御・支持を与えているか、など七つの質問をされました。

アーナンダは、それぞれの質問に対して、ヴァッジ族はいずれも正しく行動していますと答えました。お釈迦さまはそれを聞いて、マガダ国の大臣、ヴァッサカーラに「ヴァッジ族がこの七つを守っている限り繁栄が期待され、衰亡することはないであろう」と話されました。

ヴァッサカーラはこれにより戦争を断念します。ヴァッジ族は当時、都市国家を形成していて、共和制に基づき政治を運営していました。万事を人々の参画する会議によって決定し、商工業が繁栄する豊かな都市国家を築いていました。ヴェーサーリー市はその首都です。

このように見てくるとお釈迦さまは今でいう共和制民主主義・法治主義をよく理解され、マガダ国とヴァッジ族との戦争を未然に防止されたことになります。驚くべき政治的眼力です。お釈迦さまは、ヴェーサーリー市がお好きで、何回も街に入られています。王舎城・鷲の峰の静寂さとは逆に、賑やかで自由な雰囲気に溢れた街でしたが、お釈迦さまが好んで訪ねられたところにお釈迦さまの自由な境涯を読み取ることができます。読者のみなさんが抱かれているお釈迦さまのイメージとは**真逆**ではないでしょうか。

このお釈迦さまが、『真逆の般若心経』の理想的人物像なのです。

繰り返しますが『真逆の般若心経』の「有」は、現実の人間、現実社会です。わたし自身は長い間金融マン、国際エコノミストとして国内外の経済・金融情勢に目を向け、情報を収集し、さらに教育界、環境保護のNPO法人などさまざまな分野で仕事をしてきた経験がありますので、ここに記されているお釈迦さまの眼力には大変な関心があります。当時の北インドでは、部族国家が戦争を繰り返していました。軍事的・経済的強国と脆弱な国との較差が拡大し、ヴェーサーリーのような大商業都市が繁栄して富裕層が抬頭する一方、貧富の差が拡大していました。現代の世界と同じ現象が起きていたのです。

『真逆の般若心経』は現実社会、現実の人々と向かい合っていますので、このようなお釈迦さまの生き方には惹かれるものがあります。

お釈迦さまと衆生

『般若心経』は観自在菩薩の悟りについて説いているお経です。さらに後述しますが、「声聞」「縁覚」「菩薩」「仏」の悟りを説いているお経です。これに対して『真逆の般若心経』は衆生の悟りについて説いているお経です。

それでは観自在菩薩の悟りと衆生の悟りは別のものでしょうか。同じものでしょうか。結論的にいうと観自在菩薩の悟りと衆生の悟りとは同じです。

お釈迦さまは、「山川草木悉皆成仏」とお悟りを表現されました。山も川も草も木も皆ことごとく成仏しているというのです。当然衆生も成仏しています。

わが白隠宗の宗祖、白隠禅師は「衆生本来仏なり」（衆生は本来仏である）といわれています。わたしも、お釈迦さまと白隠禅師の教えに従い、衆生は仏であるという信念をもっています。

このような考えに立ってわたしは、本書において、お釈迦さまが、衆生に法を説き、衆生とともに生活され、衆生とともに歩まれているお姿を紹介してきました。お釈迦さまにも激しい病魔の苦しみがありました。老いの嘆きもありました。涅槃もありました。

このようなお釈迦さまのお姿は、衆生が仏であることを如実に示していると思います。

「『般若心経』は日本人によく知られたお経である」といわれています。これはある程度正しい見方ですが、浄土宗や日蓮宗の信者の方には全く無関係なお経です。しかも『般若心経』を誦える宗派の方でもそれがどういうお経であるとか、「空」とか「無」とは何かについての知識をもっておられる方はきわめて少ないといってよいでしょう。これに加えて今、若い人たちの仏教離れ、寺離れが急速に進んでいます。

こういう仏教界にとって厳しい環境の中でわたしは、「仏教が現実から遊離した宗教ではない」ことを人々に知ってもらいたいと考えています。

そのためにわたしは、「衆生も仏の智慧をもっている」「衆生にも仏さまと同じ働きがある」ことを説いていきたいと思いたちました。『真逆の般若心経』はそのための試みです。


〈釈迦の呼称について〉

釈迦の呼称はいくつかありますが、「お釈迦さま」と「釈迦牟尼」についてはすでに記したとおりです。つけ加えると。「釈迦牟尼」はサンスクリット語「シャーキムニ」の音訳で、仏教の開祖（仏教を開かれた人）のことです。生没年は紀元前七〜五世紀まで諸説あって不明です。「ゴータマ・シッダールタ」がお釈迦さまの本名です。「釈尊」は「釈迦牟尼世尊」という尊称の略です。「仏陀」（ブッダ）は、「ほとけ」とか「仏」とも称され、目覚めた人、悟りを開かれた人のことで、お釈迦さまは仏陀でもあります。本書では、尊崇と親しみの念を込めて、「お釈迦さま」という呼称を一貫して用いています。

第三章　『真逆の般若心経』を説き明かす

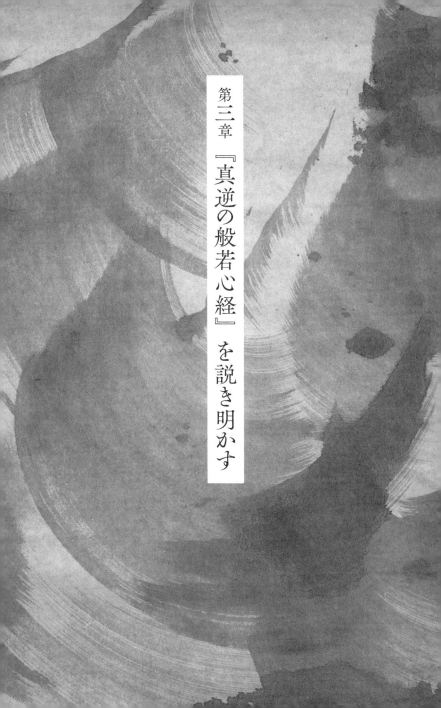

それではいよいよ『真逆の般若心経』の本文に入っていきますが、説明の必要上、二七六文字を八つのパラグラフに分け、それぞれのパラグラフの初めに〈漢訳〉と〈訳文〉を記し解説してゆきます。

〈漢訳〉

観《かん》自《じー》在《ざい》菩《ぼー》薩《さつ》。行《ぎょう》深《じん》般《はん》若《にゃー》波《はー》羅《らー》蜜《みー》多《たー》時《じー》。照《しょう》見《けん》五《ごー》蘊《おん》皆《かい》空《くう》。度《どー》一《いっ》切《さい》苦《くー》厄《やく》。

〈訳文〉

観自在菩薩が深遠な智慧の完成を実践していたときに、五蘊はすべて有る、しかもそれらはすべて実体は無い（自性空である）と見究めて、一切の苦厄から度脱されました。

1――自在に観る菩薩

このパラグラフでは、まず言葉の説明から入ります。いずれも難解な言葉の羅列となりますが、お経を理解する前提としてご辛抱ください。まず、観は「みる」です。「みる」を『広辞苑』で引くと、見る、視る、観る、診るなどいくつかの漢字が出てきますが、それぞれ意味が違います。「観る」については次の意が記されています。

①目によって物事の存在や動きを認識する
②よく注意して観察する

われわれの日常生活においては、一般的に物事の存在や動きを無意識になんとなく見ています。よく注意して見ることはあまりありません。これに対して観自在菩薩の「観」は、よく注意して見る、意識して見るの意です。そして「観自在」とは、衆生の苦しみや悩みをよく観て、救いの手をさしのべる働きが自由自在であることを意味しています。

次に菩薩とは、自分の利益（自利）だけでなく、他人の利益（他利）も求める修行者のことで、大乗仏教（インドからスリランカ、ミャンマー方面に伝わった仏教を上座《じょうざ》部《ぶ》仏教、チベット、中国、日本に伝わった仏教を大乗仏教といいます）においては、理想的な存在として尊ばれています。

観自在菩薩は、このように衆生の悩み・苦しみを観て、自由自在に救いの手をさしのべてくださる菩薩です。

2――「深般若波羅蜜多」を行じる

般若

次に「深般若波羅蜜多を行じしとき」とありますが、「深」は深い、深遠なという意味です。

「般若」の原語はプラジュニャー（prajñā）で、『織田佛教大辞典』によれば、「一切の智慧の中で第一と為す。無上無等無比。さらに勝れたるものなし。」とされています。

また『広辞苑』には、「真理を認識し、悟りを開くはたらき、最高の智慧、仏智」とされています。すなわち「般若」とは、「仏の智慧」とするのがわかりやすいでしょう。

波羅蜜多の意味

「波羅蜜多」の原語はパーラミター。この言葉の意味については学者・研究者の間でも意見が分かれていますが、「完成」という見解を採用すると「般若波羅蜜多」は「仏の智慧の完成」ということになります。したがって「深般若波羅蜜多を行じしとき」とは、

「深遠な仏の智慧の完成を目指して修行していたときに」

となります。

菩薩は、生涯怠りなく修行を続ける求道者です。わたしたち仏道修行者も、智慧の完成を目指して生涯怠りなく修行していかなければならないのです。

3――衆生の智慧

　このように「深般若波羅蜜多」とは深遠な仏の智慧の完成を目指して修行するという意ですが、既述のように『真逆の般若心経』では、**衆生が智慧の完成を目指して修行する**という意になります。それでは衆生の智慧とはどういう智慧でしょうか。

　わたしたち禅の世界では、「行住坐臥《ぎょうじゅうざが》」が重視されています。「行」とは行くこと、「住」とはとどまること、「坐」とは坐ること、「臥」とは臥せること・寝ることを意味しており、すなわち日常の起居・動作、立ち居振る舞いのことです。

　わたしたちは自覚していませんが、日常何をするについても一事一事《ひとことひとこと》智慧を働かせています。どこへ行くにも、とどまるにも、坐るにも、寝るにも、まったく意識することなく行動しています。食事のとき箸を口元へもっていくときも、顔を洗うときにも、無意識に手を動かしています。これすべて「衆生の智慧」です。

　このように衆生一人ひとりがそれぞれの智慧を日常生活や仕事のうえで働かせていること、これがわたしの考える『真逆の般若心経』の衆生の智慧です。

4――五蘊《ごうん》

「五蘊はすべて空なり」。この五蘊も大変難しい言葉ですが、「般若経典」の精髄です。中村元教授が次のように解説されています。

「原語パンチャ・スカンダ（pañca skanchas）の訳。「五つの集り」の意。色《しき》（物質的現象）と受想行識（精神作用）の五つによって一切の存在が構成されていると古代のインド仏教徒は考えたのである。」（出所：『般若心経・金剛般若経』中村元、紀野一義、一九六〇年、岩波文庫、P20）

すなわち五蘊とは

「**一切の存在**」

「**わたくしたちの体と精神作用のすべて**」

という意です。「般若経典」を柱とする大乗経典は、「**五蘊はすべて空である**」と説いています。「一切の存在」、「わたくしたちの体と精神作用のすべて」が空です。宇宙も空、星も空、森羅万象が空、わたしの目・耳・鼻・舌・身が空、心も空です。この「空」思想は、「般若経典」「大乗経典」とほかの経典を分かつ最大の特色です。

5――「空」とは「縁起」

続いて「空」という言葉です。既述のように『真逆の般若心経』は『般若心経』の「無」と「不」のいくつかを「有」に換えたお経ですが、わたしはこれも「般若経典」の中に位置づけておりますので、「空」が核心的思想であることには変わりありません。この「空」については、『般若心経』や中観思想、大乗経典などに関する解説書・注釈書でさまざまな説明がなされていますが、わたしは、先にも述べたように「**空とは縁起である**」と理解しています。その『縁起』は、お釈迦さまが初転法輪で説かれた(1)中道、(2)四諦、(3)十二因縁の一つですから、「空」とは、お釈迦さまの根本教義に帰するものといえます。仏教学の泰斗、宇井伯壽博士は『佛教思想研究』の中で次のように指摘されています。

「**空は縁起と同じであるといへる**。元來、空は無我の替へ詞であつて、このことは、人法二無我を人法二空といふのに、明かに現はれて居るし、**無我は縁起に外ならぬ**からである。然らば、**一切皆空は縁起説を他の語で言ひ詮はして居るものである**といふべきである。この無我は根本佛教の説く意味のものであるから、空は根本佛教の趣意を言ひ詮はして居るものであり、而も、空は凡ての大乗佛教の根本思想であるから、此點では、大乗佛教は根本佛教の復活であるといへるのである。」（出所：『佛教思想研究』宇井伯壽、一九四三年、岩波書店、Ｐ１４９）

難しい説明ですが、「**空**」**とは**「**縁起**」**と同じ**であり、それは**お釈迦さまの教えの復活である**というのです。

ここでもうひとつ注目すべきは、「**無我**」**は縁起に外ならぬ**という指摘です。

お釈迦さまの大切な教えに「諸法無我」があります。「すべての存在は無我である」ということですが、この「無」は、有る・無いの無ではありません。無我とは縁起です。因縁により変化する。これがお釈迦さまの説かれた「諸法無我」です。多くの人は、「無我」とは我《が》が無いことであると考えていますが、これは間違いです。

『真逆の般若心経』も同じ思想に立っています。すなわち「**我は有る。しかもそれは空であり、縁起である。**」というものです。これは、「我思うゆえに我あり」とするルネ・デカルトに代表される西洋近代思想とは決定的に異なっています。

6――『般若心経』ではすべてが滅尽する

『般若心経』には、「無、無、無…」と「無」が二一文字出てきますが、この「無」は世の中で使われている「無」とはまったく違います。

『般若心経』の「無」を理解するためには、**観自在菩薩に倣って瞑想し、「五蘊はすべて無である」と観じてください。繰り返し、繰り返し徹底観じてください。**そうすると

宇宙が滅尽します。　万物が滅尽します。

私の体と心が滅尽します。　すべてが滅尽します。

それが『般若心経』の「無」です。「有・無二辺」の一辺を離れた「無」です。「絶対無」です。『般若心経』の**無は、このようにして自ら体得する以外理解する方法がないのです**。他人から教えられるものでも、いかなる解説で理解できるものでもないとわたしは考えています。

それでは五蘊を「観じる」とはどういうことでしょうか。『大パリニッバーナ経』の中でお釈迦さまは修行僧や人々に

(1)　身体について身体を**観察し**
(2)　感受について感受を**観察し**
(3)　心について心を**観察し**
(4)　諸々の事象について諸々の事象を**観察し**

と繰り返し話されています。「身体・感受・心・諸々の事象を観察し（観じ）なさい」ということです。

お釈迦さまの初転法輪は徹底的な**自己観察**から生まれました。お釈迦さまのご人生は**自己観察のご生涯**です。みなさんもお釈迦さまに倣って坐禅・瞑想し、たとえばご自身を三〇分、あるいは一時間徹底**観じて**みてください。これを一年〜二年、三〜五年と実践してください。そうするといつか、体と心が滅尽してきます。それが『般若心経』の「無」です。

7――『真逆の般若心経』ではすべてが有りのままに映じてくる

「五蘊はすべて有である」

『真逆の般若心経』においても、『般若心経』と同じく**観自在菩薩に倣って瞑想し、「五蘊はすべて有である」と観じる点では同じです。繰り返し、繰り返し「五蘊はすべて有である」と徹底して観じてください。**そうすると

宇宙が有りのままに映じてきます。
万物が有りのままに映じてきます。
わたしの体と心が有りのままに映じてきます。
すべてが有りのままに映じてきます。

それが『真逆の般若心経』の「有」の世界です。この世界は、すべてが滅尽している「無」の世界とは違ってすべてが生きている世界です。

8――有りのままの世界

『真逆の般若心経』では、宇宙を有りのままの存在として観じます。宇宙科学者や物理学者も、このようにして宇宙の起源や星の生成・消滅、量子論や分子論、相対性理論などさまざまな分野で調査・研究をしています。

『真逆の般若心経』では、万物を有りのままの存在として観じます。芸術家も、このようにして絵を描き、小説を書き、詩を作り、俳句・川柳を詠んでいます。

『真逆の般若心経』では、わたしたちの体と心を有りのままの存在として観じます。さまざまなスポーツ、哲学や宗教、学問は、このようにして生まれてきました。

『般若心経』の「無」の世界、「寂静」の世界とは対照的に、『真逆の般若心経』は「有」の世界です。「自由」の世界です。人々が自由に思索し、自己を表現する世界です。人々が自由に行動し、創造性を開花できる世界です。

ここで「有りのまま」についてですが、お釈迦さまが人々に説いた教えを現代にもっとも忠実に伝えているとされている教典として『スッタニパータ』(『ブッダのことば──スッタニパータ』中村元訳、一九八四年、岩波文庫)があります。中村博士によると、「ゴーダマ・ブッダ(釈尊)を歴史的人物として把握するとき、その**生き生きとしたすがた**をもっとも近く迫りうる書」となっていますが、その中に次の記述があります。
「この世において智慧ある修行者は、覚った人〈ブッダ〉のことばを聞いて、このことを完全に了解する。何となればかれは**あるがままに見るからである**」(P46)
わたしは、この「**あるがまま見る**」という言葉はお釈迦さまの**生き生きとしたお姿**を示す最適の表現である、と考えています。あるがままに見て、あるがままに聞いて、あるがままに味わって、あるがままに歩いて、あるがままに休む。
『真逆の般若心経』には、このようなお釈迦さまのあるがままの生き方が取り入れられているとわたしは考えています。

9――苦厄からの度脱

「観自在菩薩は、深般若波羅蜜多を実践しているとき、五蘊は皆空であると悟って一切の苦厄から解脱した」

実は、この一文は『般若心経』の核心であり、『般若心経』はここに説き尽くされています。この一文が完全に心底から了解できれば、『般若心経』を学ぶ目的は達成されたことになります。

しかし事はここに記すほど簡単ではありません。「深般若波羅蜜多」を実践し、「五蘊皆空」を悟り、「度脱」することは菩薩ですら大変難しい修行なのです。さらに「度脱」した後、その体験を日々の生活の中で行じ、衆生のために尽くしてゆくには、修行の垢、修行臭さを抜き取る修行が必要になります。禅ではこれを「悟後《ごご》」の修業といっていますが、悟りもそこまでゆかなければ本物ではありません。

この修行の到達点、そこに至るまでの修業の厳しさはとても文字で表現することはできませんが、宗派を問わず古今の高僧の生涯を学んでいただければ想像がつくと思います。

ところで『般若心経』では観自在菩薩は、「五蘊がすべて滅尽する」ことによって一切の苦厄から度脱されます。これに対して『真逆の般若心経』は衆生のための『般若心経』です。「五蘊をすべて有りのままに見る」ことによって一切の苦厄から度脱することができるようになります。なぜでしょうか。五蘊を有りのままに見ていると、五蘊と一体になって先入観とか、独断の入る余地がなくなり、自由自在の境地が得られるからだと私は考えています。

10──有りのままに見る、聞く、書く

わたしは四十～五十代、人生でもっとも力の出る時期に国際エコノミストとして金融・経済分析と予測の世界で生きていました。このときのわたしの信条は、

「世界の金融・経済事象を有りのままに見て分析し、予測する」

「主観的に見てはならない。予断をもってはならない」

というものでした。私事にわたって恐縮ですが、一九八五年秋、1ドル＝240円の時代に当時の日本にとっては恐怖の1ドル＝150円説を打ち出したのは、日本では水谷研治東海銀行調査部長（当時）とわたしの二人だけでした。一九九三年二月、1ドル＝80円というこれまた恐怖の円高説を発表したのは日本ではわたし一人だけでした。為替の予測は当たり外れがつきもので、たまたま二つの予測が適中したのは、わたしが当時の日本とアメリカの経済力とレーガン政権・クリントン政権の政策について独自の情報収集・調査を行い、有りのままに分析・予測したからです。

当時、わたしは日米間を往復し、ウォール街をはじめとするアメリカの金融界やワシ

ントンを自由自在に動きまわるのが楽しくて楽しくて仕方ありませんでした。アメリカは、わたしにとって自由の天地でした。

そのとき気づいたのは、日米の金融風土の大きな違いと日米間の深い情報ギャップで、わたしはアメリカで取材した独自情報をもとに見たまま、聞いたままに自分の相場観を自由奔放に発表したのです。当時の日本の銀行界では個人の見解発表に慎重さが求められましたからわたしの姿勢は異例でした。この「有りのままに見る」「有りのままに聞く」「有りのままに書く」「自由に自分の見解を発表する」という姿勢はわたしの人生で一貫したもので、それがわたしの過去の著作、さまざまな雑誌への寄稿にも反映されています。

この姿勢が、『般若心経』の「無」を「有」に変えてみるという発想につながっているのかもしれません。何しろ『般若心経』は十数百年にわたって「空」「無」の世界でした。これを「空」「有」とする試みですから突拍子もない試みといえます。『真逆の般若心経』は、すべてが「有」です。「有るがまま」です。こういう考えは衆生の度脱につながると思っています。

第四章　「五蘊」を有りのままに見る

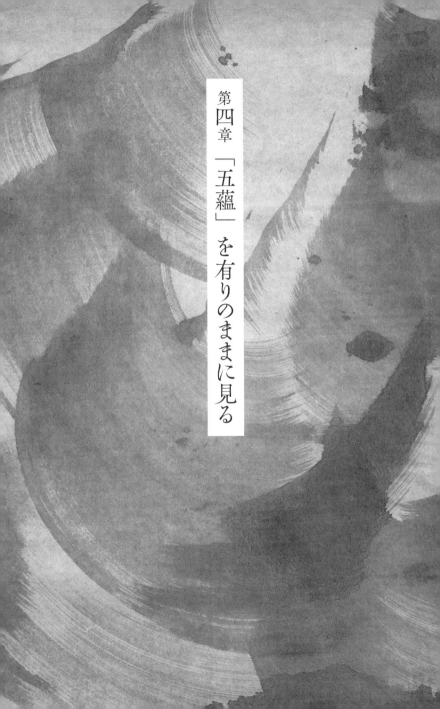

〈漢訳〉

舎利子《しゃーりーしー》。色不異空《しきふーいーくう》。空不異色《くうふーいーしき》。色即是空《しきそくぜーくう》。空即是色《くうそーぜーしき》。受想行識《じゅそーぎょうしき》。亦復如是《やくぶーにょぜー》。

〈訳文〉

舎利子よ、色は空《くう》に異ならず。空《くう》は色に異ならず。色はすなわちこれ空《くう》。空《くう》はすなわちこれ色なり。受想行識もまたまたかくのごとし。

1――色即是空　空即是色

「色不異空　空不異色」「色即是空　空即是色」は、『般若心経』のハイライトとなっていますが、これは前章の「五蘊皆空」の説明ですべて言い尽くされています。

すなわち「色」とは五蘊に同じです。五蘊は「空」ですから「色不異空」「空不異色」となります。

別の視点から見ると、五蘊は「空」から生じ、「空」によって成り立ち、「空」に滅していきますから、「五蘊」は空そのもの、「空」は五蘊そのものです。したがって「色即是空」「空即是色」となります。理屈っぽくなりましたが、いくつかの『般若心経』解説本では

「舎利子みよ空即是色花ざかり」

という句を『般若心経』の精神を大変よく表現しているとして賞賛しています。これは明治・大正期の軍人・作家である小笠原長生の句ですが、実は夜空に星がキラキラ輝いているのも、真夏に林で蝉が懸命に鳴いているのも、人々が毎日仕事に精を出してい

るのも、みな「空」の世界です。お釈迦さまは、明けの明星をご覧になって「山川草木悉皆成仏」（山も川も草も木もすべて仏のお姿である）と快哉を叫ばれました。松尾芭蕉は「閑けさや岩にしみ入る蝉の声」と句を詠みました。江戸初期の鈴木正三禅師は、一鍬《ひとくわ》、一鍬、一鎌《ひとかま》、一鎌農作業に精を出されました。いずれも、宇宙・万物の生命を感受された三人の方の心の表現です。

わたしが真忠軒で独り修行しているのは、満天に輝く月・星と一つになるためです。甲斐の山々から昇り、甲斐の山々に沈む太陽と一つになるためです。四季折々の自然と一つになるためです。蝉やスズメ、カラスの声と一つになるためです。鎌・鍬と一つになって草木・竹林を伐採するためです。ひと言でいえば「空」の世界に生き、「空」の世界を体感するためです。

実はこの世界にいるとき、これまでどうしてもわからなかった疑問が突然解けたり、思いもよらない閃きが脳裏をよぎったりするものです。本を読んでいるときより感動する世界が現れることがあります。先にも記したように、『般若心経』の「無」を「有」に換えるという発想が浮かんだのも、真忠軒で独り草刈りをしている最中のことでした。

実はこのような境涯になると「空」も「無」も「有」もない世界に入ってきます。山川草木そのもの、蝉の声そのもの、鍬そのもの、鎌そのものになりきってきます。

われわれがこの世で喜んだり悲しんだり、あるいは好きだ嫌いだといっているのは、「有」「無」という二元的な世界に生きているからです。星になりきる、静寂になりきる、鍬・鎌になりきる、そういう世界に生きていれば、「有無」いずれからも解放され、自由になります。これが『真逆の般若心経』の究極の世界であるとわたしは考えています。

2――受想行識もかくの如し

『般若心経』においては、「色即是空　空即是色」があまりにも有名で、「受想行識」については気づかない方も多いと思いますが、「受想行識もまたまたかくのごとし」とは「受想行識も色と同じ」ということです。すなわち「受想行識」については次のようになります。

「受不異空、空不異受、受即是空、空即是受」
「想不異空、空不異想、想即是空、空即是想」
「行不異空、空不異行、行即是空、空即是行」
「識不異空、空不異識、識即是空、空即是識」

『般若心経』はごく短い経文ですが、このように省略部分がいくつかありますので、それを補足すると、実質的にはもっと文字量の多い、長いお経になります。

「色」と同じように「受」「想」「行」「識」についてもそれぞれ観じてみると、新しい「空」の世界が開けてきます。

3――臨済禅師の活潑潑地《かつぱつぱつち》の世界

日本の禅宗には臨済宗・曹洞宗・黄檗宗《おうばくしゅう》の三派がありますが、臨済義玄禅師（?～八六七年）は臨済宗を開かれた中国唐末の禅者です。宋の時代以降、数々の禅宗の宗派が消滅していく中で、臨済宗は大いに栄え、法脈が現在まで連綿と続いています。『臨済録』はその弟子が編纂《へんさん》したものですが、禅宗の世界でもっとも尊ばれている語録の一つです。その中に次の説法があります。

「道流、心法無形、十方に通貫《つうかん》す。眼に在っては見と曰《い》い、耳に在っては聞と曰い、鼻に在っては香を嗅《か》ぎ、口に在っては談論し、手に在っては執捉《しゅしゃく》し、足に在っては運奔《うんぽん》す」

（出所：『臨済録』佛典講座30、柳田聖山、一九七二年、大蔵出版株式会社、P79）

『臨済録』は大変難解な語録ですが、ここで、眼の働きは「見」と記されています。耳の働きは「聞」です。鼻の働きは「香を嗅ぐ」です。口の働きは「談論」（話すこと）です。手の働きは「執捉」（にぎること、つかむこと）です。足の働きは「運奔」（歩くこと、走ること）です。わたしそのものです。臨済禅師は、このわたしの心が尽十方世界で自由自在に働いている、といわれているのです。

中国禅宗史の研究者である柳田聖山氏は、臨済禅師を「**自由人**」と評価されていますが、禅師は六根（眼・耳・鼻・舌・身・意）を**活潑潑地**《かっぱつぱっち》に働かせて**融通無碍の生涯**を送られたとされ、弟子たちにもそのように説かれています。活潑潑地とは動作が生き生きとしていること、気力充実して活動していることです。『真逆の般若心経』では、われわれの眼・耳・鼻・舌・身・心（意）を存分に働かせることが理想です。また手足・胃腸・心肺など体の機能も存分に働かせることが理想です。そうすると、われわれの生活・人生が生き生きとしてきます。

わたしは臨済宗妙心寺派の寺に生まれ、向嶽寺派の大本山で仏道修行をしてきましたが、かねて「中国の唐代、禅の最盛期に偉大な禅匠が多数輩出し、雲門宗、潙仰宗、法眼宗など五家七宗が生まれた中で。なぜ臨済宗と曹洞宗だけが残っているのか」と考えることがあります。まだ納得のいく答えは出ていませんが、臨済宗の寺に生まれていなかったらわたしの人生観、そして人生そのものが相当異なっていたのではなかったと思っています。

わたしは働き盛りのころ、日米間を何度往復したか、数え切れません。アメリカでは五〇州のうち四八州をまわって調査・取材活動をしました。アメリカ人でもそのような人はいないよ、とよくいわれたものです。ヨーロッパ、アジア、アフリカへも行きました。共産主義体制下のソ連、アパルトヘイト下の南アフリカ、アラブ諸国との対立が激化していたイスラエルへもすべて単独で入り取材して記事を書き、本にしました。随所で相当危険なことに遭遇しています。なぜそのようなリスクを冒してきたのかと考えることがありますが、わたしは臨済禅師の行録の中にある（1）**自由**、（2）**活潑潑地**、（3）**融通無碍**の三つの境涯を求めて人生を送ってきたからではないかと思っています。

臨済禅師は気性の激しい禅者でもありました。わたしはある年、『臨済録』を一年に三六五回読むことを課して修行しました。『臨済録』の冒頭にある「鎮州臨済慧照禅師語録序」は、わたしが毎日読誦する『般若心経』のような存在です。勿論、毎日読んでいます。

臨済禅の激しい宗風は、わたしの血に沁み込んでいるように思います。そしてお釈迦さまと同じように臨済禅師も『真逆の般若心経』において理想とする人物です。

4――活火山のように!!

『真逆の般若心経』を執筆していた二〇二二年四月末、私は縁あって蓼科湖畔に蓼科山聖光寺をお訪ねしました。

聖光寺は、トヨタ自動車販売(現・トヨタ自動車)名誉会長の神谷正太郎氏(故人)が「交通安全」の祈願寺として建立され、一九七〇年(昭和四五)薬師寺の橋本凝胤長老を迎えて開眼法要が行われました。現在「交通安全の祈願」「交通事故犠牲者の供養」「交通事故負傷者の早期社会復帰の祈願」を三大寺命として毎年七月の夏季大法要には必ずトヨタグループの首脳陣が集まり、交通安全を祈願されています。

わたしもご本尊の救世観世音菩薩像にご焼香し、『般若心経』と『観音経』を読誦させていただく機会を得ましたが、松久保秀胤・山主が「やすらぎ」七四号に書かれた一文に衝撃的感銘を受けました。

「トヨタ自動車株式会社は**活火山**のように**活発**に山容を換える火山活動を見せている」

長年、トヨタの経営者に接触されておられるからこその表現です。わたしは、「活火山」「活発に」という二つの言葉から直ちに臨済禅師の「活潑潑地」を連想しました。五蘊の「空」の世界を見ました。同時に、トヨタ自動車がなにゆえに売上高・利益・株式時価総額日本一の企業であり続けているのか、その秘密がわかった感じがしました。

企業も、人も、いつも活発な火山のような存在で常に変貌し、新しく生まれ変わっていかなければ、停滞し遂には亡んでしまいます。トヨタについては、新発見でした。このようにわたしは、今もって新しい出会い、新しい気づきを求める求法の旅を続けています。それから九か月後、トヨタの活火山が活動し始めました。

5――目の当たりにしたトヨタの変革

わたしはかねてより、『般若心経』とともに生活するなかで「空」、「因縁」、「原因→結果」「変革・変化」という視点からすべてを見る習慣が身についています。それは、社会現象、自然現象、人間社会、企業社会すべてに当てはまります。

自然を例にとると、環境に適応できない生物は淘汰され、否応なく死滅・消滅していきます。きわめて厳しい事実です。

企業社会でも創業後一〇〇年を超えて存続できる企業は数少なく、ライバルとの競争や新しい技術・サービスの登場、消費者の嗜好の変化に対応できずに衰退・消滅していく企業が圧倒的に多いのが現実です。

わたしが蓼科山聖光寺をお訪ねし、トヨタ自動車について新発見をしてから九か月後、トヨタ自動車の活火山が活動する出来事が起きました。今年（二〇一三年一月）、豊田章男氏が社長を退き、後任に五三歳の佐藤恒治氏が指名されたのです。豊田氏は今六六歳、社長に就任した二〇〇九年三月期の連結最終損益では五九年ぶりに四三六九億円の赤字を計上、翌一〇年には大規模なリコールを受けて米下院の公聴会で証言を余儀なくされ、さらに一一年には東日本大震災で東北の工場が被災するなど苦難のスタートを切りました。その後、ダイハツ工業、スズキ、マツダ、SUBARU、いすゞ自動車、日野自動車などを子会社化、あるいは資本・業務提携するなど多角的関係を構築、二〇二二年には世界全体の新車販売台数で一〇四八万台と、三年連続で世界一をあげました。

そのためトヨタの電撃的社長交代は業界のみならず財界にも衝撃をもって受け止められましたが、わたしの関心を惹いたのは記者会見における豊田章男氏のいくつかの発言です。まず氏は、「旧来の車屋を超えられない私の限界」と胸の内を明かしました。察するに豊田氏は、相当の期間ひとりで悩みに悩まれたと推測されます。経営トップの孤独です。

豊田氏の立場からすると、自分は創業家の出身としていくつかの困難な問題を解決してきた。販売面・財務面も業界ナンバーワンを達成した、豊田家には「一代一業種」と車の他に新しい事業をおこすという伝統がある。父章一郎氏の場合は住宅であったが自分はサイバー空間での新しい稼ぎ方に取り組んだ。さらに「第2トヨタ」として設立したウーブン・バイ・トヨタ社の時価総額が第1トヨタを上まわるような将来の夢もある。豊田氏には、このような実績に対する自負があったと思います。しかし、一方で豊田氏は、

「私が社長である限り今のトヨタを超えられない」

「今のデジタル化、電動化の時代には自分はもう古い人間、新しい時代に入るには自分が一歩引くことが必要である」

と語っています。大英断です。いつの時代でも、また国の内外を問わずエクセレント・カンパニーが永続的に存続できる保証はありません。わたしがアメリカに滞在していた時代にも、ジェネラル・モーターズ（GM）、シアーズ・ローバック、ウォルマート・ストアーズ、バンク・オブ・アメリカ、シティバンク、ジェネラル・エレクトリック（GE）など、超エクセレント・カンパニーがその座を失い、わずか一〇年から二〇年の間にそれぞれの業界地図は大きく塗り変わってしまいました。日本でも今、エクセレント・カンパニーと自他ともに認める企業はほとんどなくなってしまいました。トヨタは例外的存在のひとつ。そのトヨタを一四年率いてきた豊田章男社長ですら、世界的な脱炭素化の波やIT技術の活用、自動運転、電気自動車（EV）など、新しいモビリ

この度はご購読ありがとうございます。アンケートにご協力ください。

本のタイトル

●ご購入のきっかけは何ですか?(○をお付けください。複数回答可)

1 タイトル　2 著者　3 内容・テーマ　4 帯のコピー
5 デザイン　6 人の勧め　7 インターネット
8 新聞・雑誌の広告（紙・誌名　）
9 新聞・雑誌の書評や記事（紙・誌名　）
10 その他(　)

●本書を購入した書店をお教えください。

書店名／　(所在地　)

●本書のご感想やご意見をお聞かせください。

●最近面白かった本、あるいは座右の一冊があればお教えください。

●今後お読みになりたいテーマや著者など、自由にお書きください。

どうもありがとうございました。

郵便はがき

おそれいりますが
63円切手を
お貼りください。

1028641

東京都千代田区平河町2-16-1
平河町森タワー13階

プレジデント社
書籍編集部 行

フリガナ		生年（西暦） 年	
氏　　名		男・女	歳
住　　所	〒 TEL　　（　　）		
メールアドレス			
職業または学校名			

ご記入いただいた個人情報につきましては、アンケート集計、事務連絡や弊社サービスに関するお知らせに利用させていただきます。法令に基づく場合を除き、ご本人の同意を得ることなく他に利用または提供することはありません。個人情報の開示・訂正・削除等についてはお客様相談窓口までお問い合わせください。以上にご同意の上、ご送付ください。

＜お客様相談窓口＞経営企画本部 TEL03-3237-3731
株式会社プレジデント社　個人情報保護管理者　経営企画本部長

ティー（乗り物）が求められる中で身を引くことを決断したのです。豊田氏は後継に指名した佐藤恒治執行役員について
「車造りの現場で必死に努力した。トヨタの所作を現場で体現してきた。若さと行動力がある」
「モビリティーカンパニーへの変革は彼にかかっている」
として新社長への期待を語りました。わたしも、トヨタのモビリティーカンパニーへの変革が実践されている静岡県裾野市の近くに住んでいるため、その変貌の過程を目の当たりに見ています。視点を変えると、企業の興亡・成長・衰退にも因縁がつきまといます。良い原因があれば良い結果が生まれます。変革し変化してゆかないと競争から脱落してしまいます。

このようにわたしは、企業の変革の中にも「空」の世界を見ています。
「万事すべてが空」とは、わかりやすく言うとこういうことです。

第五章　生滅・垢浄・増減に徹する

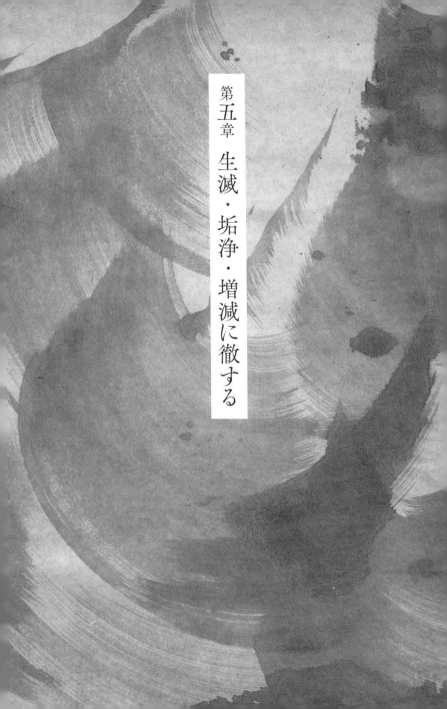

〈漢訳〉

舎利子《しゃーりーしー》。是諸法空相《ぜーしょうほうくうそう》。有生有滅《うしょううめつ》。有垢有浄《うくーうじょう》。有増有減《うぞううげん》。

〈訳文〉

舎利子よ、この諸法は空相にして、生有り、滅有り、垢有り、浄有り、増有り、減有り。

1――「諸法」は「空」

「法」とは、仏教ではもっとも重要な言葉の一つで、『織田佛教大辞典』によると「達磨、一切に通ずる語なり」とされています。学者・研究者の方は、「達磨」（ダルマ）から説いて極めて専門的かつ難解な解説をしていますが、本書では一般的に「一切の存在するもの」と解します。

したがって「諸法は空相にして」とは、「宇宙に存在する一切のものは空である」ということになります。すなわち山川草木、日月星辰、動植物、わたしの体と心すべてが「空」です。宇宙・万物、森羅万象、わたしの体と心すべてが「空」です。

2――生死を究めたお釈迦さま

『般若心経』において、「不生不滅」が「六不」の最初に置かれているのは意味があるように思います。というのも、人間は必ず生まれ、必ず死にます。生じ、滅していきます。これほど確実なことはありません。しかもわれわれは「死」について、「不吉」「恐ろしい」「悲しい」というイメージをもっています。お釈迦さまが出家されたのも、「生老病死」からの解脱の道を求めてのことでした。われわれにとって「生死」は人生の一大事です。

日本曹洞宗の開祖道元禅師は、『修証義』の冒頭で次のように記されています。

「生《しょう》を明《あき》らめ死《し》を明《あき》らむるは佛家《ぶっけ》一大事《いちだいじ》の因縁《いんねん》なり、生死《しょうじ》の中《なか》に佛《ほとけ》あれば生死《しょうじ》なし、但《たゞし》生死《しょうじ》即《すなわ》ち涅槃《ねはん》と心得《こころえ》て、生死《しょうじ》として厭《いと》うべきもなく、涅槃《ねはん》として欣《ねご》うべきもなし、是時初《このときはじ》めて生死《しょうじ》を離《はな》るる分《ぶん》あり　唯一大事因縁《たゞいちだいじいんねん》と究盡《ぐうじん》すべし。」

八〇歳にして最後の旅を続けられていたお釈迦さまは、お付きのアーナンダに次のように語りかけられました。

「アーナンダよ、わたしはもう老い朽ち、齢をかさね老衰し、人生の旅路を通りすぎ、老齢に達した。わが齢は八十となった。譬えば**古ぼけた**車が**革紐の助け**によってやっと動いて行くように、恐らくわたしの身体も革紐の助けによってもっているのだ。」（出所：前出『ブッダ最後の旅』P62）

このように死が迫る中にあってもお釈迦さまには、生を願い死を厭《いと》う念《おも》いはまったくありませんでした。古ぼけた車、革紐の助けと、実にリアルな表現をもって、高齢化社会のわれわれの老いの相《すがた》そのものを語っておられます。

その後間もなく、お釈迦さまが鍛冶工チュンダの供した茸《きのこ》料理を召し上がったときのことです。赤い血がほとばしり出る激痛に襲われましたが、お釈迦さまは正しい念いを保ち、よく気を落ちつけて、その苦痛を堪え忍ばれました。ここでも死を間近にしたお釈迦さまに、生を欣《ねが》い死を厭う念いはありませんでした。

お釈迦さまのお姿に理想的生き方を見ているわが『真逆の般若心経』においては、生を願い、老・病・死を厭うことはありません。生も、老いも、病も、死も有りのままに受け入れます。生になりきり、老いになりきり、病になりきり、死になりきります。生死に沙汰なし。それが道元禅師のいわれた「**生死を明らめる**」ということです。

3――仏教の第一義「心を浄める」

仏教には「過去七仏」と呼ばれる七人の仏さまがおられます。それは、お釈迦さま以前に存在したとされる六人の仏と「釈迦牟尼仏（しゃかむにぶつ、お釈迦さま）」の七人の仏のことです。この過去七仏が共通に戒めとした偈《げ》が「七仏通戒偈」で、仏教は究極この一偈に帰するといわれるほど大切な教えです。次の四句からなっています。

「諸悪莫作（しょあくまくさ）――もろもろの悪をなすなかれ
衆善奉行（しゅぜんぶぎょう）――もろもろの善を行いたてまつれ
自浄其意（じじょうごい）――自らその意《こころ》を浄むる
是諸仏教（ぜしょぶっきょう）――これ諸仏の教えなり」

『景徳伝灯録』によりますと、唐代の詩人白居易が師の鳥窠道林《ちょうかどうりん》に仏教の大意を尋ねたとき、師は「諸悪莫作　衆善奉行」と答えました。白居易が「そんなことは三歳の子供でも知っている」と反論しますと、師は「三歳の子供でも知っていることを八〇歳の老人でも行うことができない」と返しました。これを聞いて白居易は、はっと気づくところがありました。わたしたちも「仏教の教えとはそんな単純なものか」と思いがちですが、ごくありふれたことを実践するのが実は大変難しいことなのです。

「諸悪莫作　衆善奉行」。これよりさらに難しいのが、「自浄其意」（自らその意を浄むる）です。というのは、悪いことをしない、善いことをするという、いずれの行為も、その人の心（意《こころ》）から発しているからです。『般若心経』においては、汚れた心（垢）も、清らかな心（浄）も滅尽していますが、『真逆の般若心経』では、「垢」も「浄」も有ります。つまり悪いことをしようとする心も、善いことをしようとする心も有ります。それが、わたしたちの有りのままの姿です。それ故にこそわたしたちは、垢をとって浄くするよう努めなければならないのです。「自浄其意」は、仏教の教義でもっとも大切な教えです。

しかしながら、自分自身の日常生活を省みると、「貪瞋痴《とんじんち》」（むさぼり、いかり、愚痴ること）という煩悩の罪の深さに愕然とせざると得ません。実に自分勝手で、「自浄其意」とは正反対です。「自己偽瞞」という言葉がありますが、わたしなどとてもみなさんに説法など恥ずかしくてできない気になります。せめてもの罪滅ぼしと思い、わたし自身は、朝課と毎晩寝る前に「七仏通戒偈」を読んでいる次第です。

4——どこにもある増減の世界

『般若心経』「六不」の最後は「不増不減」です。これについては、いくつかの『般若心経』解説本は、「エネルギー不変の法則」や近代物理学の「量子論」などによって説明していますが(量子論については後述)、「増」も「減」も減しているのが『般若心経』の不増不減です。しかし、現実の世界は、自然も、社会のありようも、われわれの体と心も増減の世界です。雨が降れば川は増水し、日照りが続けば川の水は減少します。貯水池が増水して満杯になれば、放出して減らさないと危険になります。雨が降らず渇水状態になれば、家庭でも工場でも節水に努めなければなりません。

人間は、成長するに伴って体重が増えていきます。しかし体重が増えすぎると健康に支障をきたすため、減量しなければなりません。逆に減りすぎても支障があります。人間にとって、体重管理は大切な問題です。

企業経営を例にとると、メーカーが生産を増やすと、製品が増え在庫が積み上がります。製品が売れれば、在庫は減り、会社の売上高と利益は増えます。販売がさらに好調であれば、会社は労働者を増やし、生産を増強します。これは会社経営が順調なときですが、不況になると、販売減↓売上減↓利益減↓人員削減↓失業増という逆回転になります。

このように、身のまわりを見ると、ほとんどすべてが増減の世界といっても過言ではありません。わたしたちは、いつも増減の世界に生活しているのです。

5——自らの時代を振り返る

わたしは二四歳で社会生活に入って三十数年間、ずっと増減の世界を見ていました。経済は成長するのか、マイナス成長に陥らないか。増減率はどの程度か。インフレかデフレか。金利は上がるのか、下がるのか。為替相場はどう動くのか。円は上がるのか、下がるのか。企業の売上・利益は伸びるのか、減少するのか。株価は上昇するのか、暴落はないのか。

挙げればきりがありませんが、総体としてすべてが成長・増加し、日本の国力・国際的地位が上昇した時代でした。他方では環境破壊の進行、貧富の格差拡大など負の側面も顕著だった時代でもあります。しかしながら、日本の力がピークに達した一九九〇年代半ば以降、あらゆる分野で日本の成長はとまり、下降・停滞局面に入っています。これに反し中国を筆頭に新興国の抬頭にはめざましいものがあります。今、改めて「成長・下降」「上がる・下がる」「増・減」という尺度から世界と日本の現状を見ると、日本の経済成長率は先進国の中で最低です。日本の家計の所得は下がり続けています。デフレの弊害が国民生活のさまざまな分野に出ています。急激な円安の進行には日本の国力の低下が反映されています。総体として見ると、「やはり成長のほうがよかったのではないか。弊害が出たらそれを是正すればよいのではないか」とわたしは複雑な気持ちに襲われています。

6――人類の課題に切り込む

コロナ・パンデミックの真只中、地元書店の書棚に並べられている『教皇フランシスコ　コロナの世界を生きる』という本が目につきました。プロローグに目を通すと次のように記されています。

「試されるのは、特定の個人だけではありません。人類全体です。例えば、国家がパンデミックで選択を迫られた場合、何を優先するのでしょう？　国民を守ることでしょうか、それとも経済を回し続けることでしょうか？　国民を支援するのか、それとも株式市場のために国民を犠牲にするのか。苦しむ人がいることを知りながら、彼らを救うためと称して富製造機を動かし続けるのか。実際、病気の恐ろしさに対する理解の欠如や、資金不足といった理由から、経済を守ろうとした国家もあります。国民の命を担保にしたのです。そうした選択から、彼らの優先順位は試され、その価値観が白日の下に晒されました。」（出所：『教皇フランシスコ　コロナの世界を生きる』（ＰＨＰ研究所、二〇二一年、Ｐ３～４）

教皇の指摘は、あらゆる国家の指導者や政治家の胸にグサリと突き刺さる言葉であると思います。

教皇はさらにわれわれの政治・経済システムや「排除された貧しく無防備な人々」に鋭く切り込んでいきます。

「神は私たちに、勇気をもって新しい何かを創るように告げています。私たちは、コロナ禍以前の政治や経済システムによってもたらされる、偽りの安定に戻るわけにはいきません。必要なのは、全ての人に神の創造物の果実がもたらされ、誰もが土地と住まいと仕事を得られるシステムです。排除された貧しく無防備な人々と対話し、彼らの生活を左右する決断をする際には、本人たちの意見に耳を傾ける政治です。私たちは今こそペースを落とし、過去を振り返り、共にこの地上で暮らすためのより良い方法を生み出すべきなのです。」（前出P3〜10）

このような政治・経済システムを創造することが出来るか否か、これは、政治・経済体制の違い、先進国・新興国という経済発展段階の違いを超えたまさに「人類全体」の課題といってよいでしょう。

しかしながら現実には、国家間の分断、あるいはそれぞれの国内における階級的分断、所得格差、教育格差などの分断はあまりにも大きく深刻です。これを超越して新しい政治・経済システムを創造するにはどうすればよいのか。いずれか一方に偏した政治・経済では分断が深まり、社会は不安定化の一途を辿ってしまいます。それを超越するには、どうしても「人類全体」「国民全体」という視点が求められてきます。一方に偏してはいけません。

『真逆の般若心経』は有りのままの世界、現実の世界に目を向けています。したがって政治・経済・社会全般にわたって深い関心を寄せています。しかしながらわたしは、宗教家が特定の政治的目的や経済的利害、社会勢力のために行動することは控え目にすべきであると考えています。自らの立場を鮮明にするのは、大袈裟かもしれませんが人類、国家・国民、大義にかかわるときです。わたしはこれを内外の偉人から学んでいます。

このわたしの深刻な問題意識にひとつの解答を与えてくれたのが教皇フランシスコでした。

7——二元的対立の世界を超克する

本章には「生」と「滅」、「垢」と「浄」、「増」と「減」という対立する言葉が出てきます。しかしわたしたちの世界を見まわすと、「善」と「悪」、「上」と「下」、「高」と「低」、「往」と「来」、「貧」と「富」など対立する言葉に満ち満ちています。それは今挙げたような社会的対立、階級的対立、国家間の対立、体制間の対立を世界中で引き起こしています。最も深刻なものは言うまでもなく戦争でしょう。

わたしたちはこの二元的対立の世界を超克していかなければ戦争は止みません。平和は訪れません。

では戦争を終わらせることはできるでしょうか。どうしたら終わらせることができるでしょうか。わたしは近年、仏教徒として、人間として折に触れこの問題を考え続けています。いまだ回答を見つけることはできませんが、わたしは今、仏さまのお言葉の中にひとつの光を見い出しています。

「そのとき悪魔・悪しき者は、尊師が心に考えられたことを知り、尊師に近づいた。近づいてから、尊師にこのようにいった。――『尊いお方。尊師はみずから統治をなさい。幸せな方（ブッダ）は殺すことなく、殺さしめることなく、勝つことなく、勝たしめることなく、悲しむことなく、悲しませることなく、法《ダルマ》によって統治をなさい。』と。」

（出所：『ブッダの人と思想』中村元、田辺祥二、一九九八年、日本出版協会、P38）

わたしは、このお釈迦さまのお言葉を「自分」と「他人」をそう入して繰り返し味わってみました。

「殺すことなく」とは、「自分」が他人を殺さないことです。

「殺さしめることなく」とは、「他人」が自分を殺さないことです。

「勝つことなく」とは、「自分」が他人に勝たないことです。

「勝たしめることなく」とは、「他人」が自分に勝たないことです。

「悲しむことなく」とは、「自分」が悲しませないことです。

「悲しませることなく」とは、「他人」が自分を悲しませないことです。

これは、人により別の解釋も可能ですが、「自分」を自分の国、「他人」を他国と置き換えてみると、今、世界各地で現実に起きている戦争を終らせるには人の心がどう変わらなければいけないか、ひとつの答えが示されていると思います。

お釈迦さまは、殺生、暴力、戦争を否定されていました。慈悲を説かれていました。本来、仏の道と政治の道とは別であってはいけません。二元的であってはいけません。『般若心経』では二元的世界が超克されています。その心を現実の世界で実現していこうというのが『真逆の般若心経』です。

ここには（原本は『サンユッタ・ニカーヤ』）、「法によって統治をなさい」と記されていますが、これがお釈迦さまの目指す理想的な政治でした。第二章を想い起こしてください。お釈迦さまは「共和制民主主義・法治主義」を尺度として、マガダ国とヴァッジ族の戦争を未然に防止されたのです。

現代の悲惨な戦争においても、終結に向けて宗教者・聖者の力が寄与するよう期待せざるを得ないのです。

「五蘊を有りのままに見る」という『真逆の般若心経』の立場から見て、今の世界で懸念される事態は埋めることのできない絶望的「分断」です。既に記したように国家間、地域間、民族間、人種間、階級間の分断があります。経済圏、文化圏、宗教圏の分断があります。世代間、ジェンダー間の社会的分断があります。富める国と貧しい国、富裕層と貧困層の分断があります。思想上、イデオロギー上の分断があります。挙げればきりがありません。このような事態に直面して、「二辺の一辺」に偏しない中道思想は、どういう立場をとればよいのか、不条理・不正については断固異を唱えるべきか、どちらでもない曖昧な姿勢になってしまうのか、実に難しい問題です。

第六章　五蘊を全開させる

〈漢文〉

是故空中《ぜーこくうちゅう》。有色《うしき》有受想行識《うじゅーそうぎょうしき》。有眼耳鼻舌身意《うげんにーびーぜつしんにー》。有色声香味触法《うしきしょうこーみーそくほう》。有眼界乃至有意識界《うげんかいないしーういーしきかい》。

有無明《うむーみょう》。亦有無明尽《やくうむーみょうじん》。乃至有老死《ないしーうろうしー》。亦有老死尽《やくうろうしーじん》。有苦集滅道《うくーしゅうめつどう》。有智亦有得《うちーやくうとく》。

〈訳文〉

この故に、空の中には、色も有り、受も想も行も識も有り、眼も耳も鼻も舌も身も意も有り、色も声も香りも味も触も法も有る。眼界も有り、乃至、意識界も有る。無明も有り、また無明の尽くることも有る。乃至、老も死も有り、老と死の尽くることも有る。苦も集も滅も道も有る。智も有り、また得も有る。

1――五蘊の働き

このパラグラフは、「五蘊」、すなわち物質とわたしたちの精神作用との関係を説いている重要な箇所ですが、内容に及ぶと複雑になりますので、ここでは五蘊の体系を示すにとどめておきます。

五蘊――色・受・想・行・識――物質と精神作用

六根――眼・耳・鼻・舌・身・意――五蘊を感受する器官

六境――色・声・香・味・触・法――六根が感受する対象

六識――眼識・耳識・鼻識・舌識・身識・意識――対象を認識する精神作用

「五蘊」というと複雑に感じますが、六根・六境・六識の関係は、実は身近なことなのです。「眼」を例にとると、眼（根）で、花（境）を見て、これは花だと認識する（識）ことです。「耳」を例にとると、耳（根）で、鳥の声（境）を聞いて、これはカラスだと認識（識）することです。わたしたちの精神作用と外界の物質との関係はすべてこのようにして成り立っています。

大切なことは、わたしたちが、日常、五蘊をどのように感受し認識するかということと、またそれをいかにして現実の生活や人生に生かしていくかということです。わたしたちが目標を立てて自覚的に行動していると、何かをきっかけとして、ある瞬間に、偉大な結果が生まれてくるものです。宗教家の悟りとか、科学者の大発見はこのようにして生まれています。これは五蘊の不可思議な働きによるもので、目的意識をもって行動していると、わたしたちの生活の中でも突然はっとするような体験をすることができるものです。

2――動中の工夫

わたしには日常、片時も脳裏から離さない禅匠の教えがあります。それは地元静岡県沼津（旧駿河国）が生んだ白隠禅師の**動中の工夫**です。

前述のように、わたしは臨済宗妙心寺派の寺に生を受け、父の遷化後、すでに熟年に近づいていましたが白隠宗大本山松蔭寺の中島玄奘老師様のもとに弟子入りしました。

松蔭寺には、江戸時代の中期に白隠慧鶴（一六八五～一七六八年、貞享二～明和五年）という禅僧が住持しておられ、人々から「駿河の国にすぐれたるもの二つあり。富士のお山と原の白隠」とうたわれておりました。原は松蔭寺のある場所の地名です。禅師は、民衆にもわかりやすい著作や説法を通して人々の教化に尽くされ、『坐禅和讃』を作って庶民のためにわかりやすく禅を説かれました。地元では今でも「白隠さん」の名で親しまれています。

その著『壁生草《いつまでぐさ》』の中で

「いかなる時でもつねに、片時も正念工夫に間断なきようにせよ」

「**動中の工夫《くふう》は静中に勝ること百千億倍**」
（出所：『白隠禅師法語全集第三冊　壁生草幼稚物語《いつまでぐさおさなものがたり》』一九九九年、㈶禅文化研究所、P41〜42）

といわれました。廊下を掃除しているときも、食事をしているときも、経行《きんひん》（坐禅中に眠気をさますため、歩くこと）しているときも、常に今の一事に心を集中せよというのです。それを**正念相続**といいますが、そのような修行を続けていると、不思議なことに何かのきっかけで突然「はたと」思うことがあるものです。これは経験した人でないとわからないと思いますが、それまでどうしてもわからなかった疑念が**一瞬にして**氷解することがあります。わたし自身の経験に照らしても、このような瞬間は、坐禅しているときよりも何か他のことをしているときのほうが圧倒的に多いものです。それが

「**動中の工夫は静中に勝ること百千億倍**」

ということです。

この「百千億倍」という表現は、誇張でも何でもありません。お釈迦さまのお悟りや、禅界における高僧の悟り、科学者の大発見、思想家・哲学者の大いなる閃き、俳人・歌人の発句等々、これらはすべて、それぞれの**動的工夫**から生まれたものです。

『真逆の般若心経』は、わたしたちの「五蘊」、すなわち**わたしたちの眼と耳と鼻と舌と身と心の働きを全開させるお経です。わたしたちの眼覚・耳覚・鼻覚・舌覚・触覚と心を研ぎ澄ますお経です。**そうすると、**わたしたちの眼識・耳識・鼻識・舌識・身識・意識には驚くほどの世界が開けてくるのです。**

3――大きな悟りのきっかけ

それでは、「動中の工夫」からどんな成果が生まれるのでしょうか。禅僧の大悟（究極の悟り）の事例を紹介してみます。禅の修行者が、足が痛いのに坐禅に励み、時に寝食を惜しんで修行に打ち込むのはひとえにこの大悟のためです。

師匠が立てた「指」を見て悟る

中国の後唐の時代に倶胝《ぐてい》和尚という禅匠がおられました。和尚が何としても悟りを開くことができず、なんとかして悟りを得ようと一人山の中で坐禅をしていたとき、たまたま一人の老僧（天竜和尚）が訪ねてきました。倶胝は事情を話し、「禅の究極の一句とは何か」と問いました。老僧は何も言わず、ただ**一本の指（一指）**を立てました。倶胝和尚は、**その指を見た瞬間**、悟りが開けたのです。これは、禅界では「天竜一指頭の禅」として修行者の目を開かせる大切な公案となっています。

「竹に当った石の音」を聞いて悟る

香厳《きょうげん》和尚も後唐時代の禅匠です。和尚もどうしても悟りを得ることができないことに絶望して、それまで学んできた書物やノートをすべて焼いてしまい、慧忠国師という偉大な禅匠の墓守りをして一生過ごそうと**独行**に励みました。庭掃除をしていたある日のことです。藪《やぶ》に捨てた石が竹に当って**カチーンという音**を立てました。**その音を聞いた瞬間**、香厳和尚は大悟できたのです。

私が瑞松軒宮本大峰老大師様から真忠軒をお借りしそこで独行しているのは、この香厳和尚に倣ってのことです。

「梅花の香」で悟る

盤珪永琢《ばんけいようたく》禅師（一六二二～九三年、元和八～元禄六年）は江戸時代前期の禅僧です。二六歳のときのことですが、一丈四方の小さな部屋に籠もってひたすら坐禅修行に努めていました。食事は一日二回、壁にあけた小さな穴から出し入れできるようにし、大小便は部屋の中から外に用足していました。一日たりとも横になって寝たことがない毎日でした。そのため禅師は、数年の疲労がたたって重い結核にかかってしまい、一度は死を覚悟しました。ただ禅師にとって残念なのは、大悟にいたっていないことでしたが、ある日、庭先の**梅の花の香りをかいだ瞬間**に大悟徹底されたのです。

以上、①倶胝和尚、②香厳和尚、③盤珪和尚の事例によって「動中の工夫」と「五蘊の働き」の意味を理解していただけたのではないでしょうか。

ここでは、「眼」の働き、「耳」の働き、「鼻」の働きについて記しましたが、わたしたちの五蘊は、このように時として底知れぬ働きを見せることがあるものです。

『真逆の般若心経』では、**わたしたちの五蘊の働きに、無限の可能性があることを信じ、その力を可能な限り引き出すように努めると、日常生活、人生ともに充実してくることを記しています。**

4——衆生の悟り

今挙げた三つの事例は高僧の大悟ですが、わたしたちにも日常生活においてはっと気づいたり、突然大きな疑問が解けたりする経験があります。その解決のときは一瞬ですが、それまでには長い期間にわたる我慢・忍耐・努力・精進が積み重なっているものです。それが白隠さんのいわれる**動中の工夫・正念相続**です。

わたしも仕事上、常に読書力、文章力、情報力を高め「五蘊」が働くよう工夫しています。また常に『般若心経』や『華厳経』『法華経』などの世界と一つになるべく「五蘊」を働かせています。**眼を働かせ、耳を働かせ、心を働かせています**。そうすると、時に思わぬアイディアや文章の表現が浮んだり、理解できなかった難しい教義の意味がわかったりすることがあります。心境をスラスラ句に表現できることもあります。そのときの感激、悦びはとても表現できるものではありません。涙にむせぶこともあります。おそらく科学者の大発見などもそういうものではないでしょうか。

『般若心経』で説かれている般若波羅蜜多の実践は、本質的には菩薩・仏を求める仏道修行者の修行です。道場に入り、厳しい修行を何年も続けなければ、悟りを得ることはできません。しかし『般若心経』の「無」を「有」に換えると、悟りも現実社会で生活している衆生の悟りに変わると考えることができます。主婦が料理に工夫をこらしているとき、研師《とぎし》が刃物や鏡を研いでいるとき、ある瞬間はっと何かに気づくことがあるものです。これらは衆生の悟りの一例と考えてよいでしょう。このように発想を転換すると、日常生活も肯定的・前向きになります。

5――「十二因縁」も有る

「十二因縁」とは

これまでの観自在菩薩の舎利子に対する説法は、「五蘊」ならびに「諸法」についての説法でした。これからは「十二因縁」に入っていきます。「十二因縁」は「有無明。亦有無明尽。乃至有老死。亦有老死尽」の部分です。

お釈迦さまは、六年間山中で骨と皮になるほどの厳しい修行をされた後、ブッダガヤーの菩提樹の下に坐して独り瞑想に耽られました。そこで「五蘊」を観じお悟りになったのが「十二因縁」とされています。

「十二因縁」には、第一支の「無明」（蒙昧なこと、一切の苦、煩悩の根源となるもの）から、第十二支の「老死」（老いること、死ぬこと）までの十二の因縁がありますが、お経の中では「無明」と「老死」のみが記されていて、中間（「行《ぎょう》」「識《しき》」「名色《みょうしき》」「六入《ろくにゅう》」「触《そく》」「受《じゅ》」「愛《あい》」「取《しゅ》」「有《う》」「生《しょう》」）はすべて省略されています。

「十二因縁」は一般には大変わかりにくい教えですが、要約すると、

「**われわれの自我や、苦しみ・楽しみ、欲望、執着がどのようにして生じ、激しくなり、滅してゆくのか**」

という原因と結果の連鎖を十二の段階を立てて**観じた**ものです。

『般若心経』では、この「十二因縁」を「**無**」**と観じて**います。これに対して『真逆の般若心経』では、「十二因縁」を「**有**」**と観じ、わたしたちの日常生活と人生にそれらを生かしていく道**を考えることになります。

自我・無我と十二縁起

ここに『真逆の般若心経』の「自我」は仏教教義の根本である「無我」に矛盾しないか、という問題意識が提起されると思いますが、結論的には矛盾しません。

ポイントは、「十二縁起」には「自我」の形成・展開・超克・滅尽の過程が示されていることです。お釈迦さまの教えを特徴づける根本的教義として「三法印《さんぼういん》」があります。「三法印」とは、①諸行無常《しょぎょうむじょう》、②諸法無我《しょほうしが》、③涅槃寂静《ねはんじゃくじょう》の三つの教えで、「諸行

無常」とは万物は常に変化していて少しもとどまることがないということ、「諸法無我」とはいかなるものも永遠不変の実体をもたないということ、「涅槃寂静」とは煩悩のなくなった悟りの世界は心の静寂な境地であるということです。

十二縁起の「自我」も、この諸行無常、諸法無我の教義に添っています。すなわち、われわれの自我は実体のある永遠不変の存在ではなくして常に変化しています。十二因縁には、自我が第一支の無明から発し、第十二支で老死にいたるまでの「順観」の過程と、自我を超克して無我にいたる「逆観」の過程が示されています。

仏教学者の三枝充悳氏は、この自我の形成から超克に至る過程を『ダンマパダ』（法句経）に基づいて次のように解説されています。

「人間において、その出生からの一瞬ごとのたえざる行為の連続の間に、その主体であるアッタンは、日常に対し、また自分において、自己肯定と自己否定とを反復しながら自我を固めていく。他方、ついにはその自我を超克する無我を、その自己がなしとげて、真の主体でありあくまで平安な自己を獲得し、それを依りどころとする。おおむね以上が『ダンマパダ』の教える無我説とされよう。」（出所：『仏教入門』三枝充悳、一九九〇年、岩波書店、P95）

『真逆の般若心経』の立場も、三枝氏の指摘されている「自我を固めてゆく過程と超克する過程は存在している、そして常にとどまることなく変化している」ということと同一です。すなわち自我の形成→超克→再形成→再超克という絶えざる「行為の連続」過程です。これが無我です。『真逆の般若心経』の自我は永遠不変の絶対的存在ではありません。その意味で、インド思想の「アートマン」の我とは対極的な存在です。また自我を絶対視する西洋思想とも決定的に異なっています。

『真逆の般若心経』の「自我」は、仏教教義の「無我」とは矛盾していません。附記しますと、仏教の「無我」とは「我が無い」ということではありません。「無我」とは縁起です。

ここでは「無明」を「有」に換えることができるか、という問題意識も提起されると思いますが、答えはイエスです。

理由の一つは、『真逆の般若心経』の「有」は、「有・無二辺」の一辺に偏した「有」ではなく、「中道の有」であるからです。これは、『般若心経』の「無」が「中道の無」であるのと同じです。

理由の第二は、「五蘊・六根・六境・六識」から「十二因縁・四諦」までの部分は、すべて観自在菩薩が舎利子に説いているお釈迦さまの教えであるからです。したがって『般若心経』では一貫して「無」、『真逆の般若心経』では一貫して「有」です。いずれもこれは「無」、これは「有」と分けることはできません。

ここであえて附記すると、「無明」の根源の存在は誰も証明することはできません。実体はないからです。「阿頼耶識」（アラヤー識。人間存在の根底をなす意識の流れ。個我を形成し、すべての心的活動のよりどころとなるもの）のようなものです。「無明」や「阿頼耶識」は、人間の脳や、心、精神の解明が劇的に飛躍しない限り、存在を証明することも、定義することもできないでしょう。

ある意味でわれわれは、無駄な努力をしているわけです。科学との違いはここにあります。湯川秀樹博士は中間子の「存在を証明」することによってノーベル物理学賞を授与されました。現代物理学では、素粒子の「存在の証明」が最先端の研究分野となっています。このように物の存在はいつか証明できますが、「無明」や「阿頼耶識」の存在については現段階の人間の能力をもってしては「証明不可能」です。哲学史上、そして仏教教義上もっとも解明の難しいテーマの一つと考えられます。私が今準備している般若心経論の大きなテーマです。

お釈迦さまに「我」は無いか、有るか

「無我」とは、「無常」「苦」とともに仏さまのお悟りの根本教義のひとつで、「我」のないこと、私心のないことと解され、どの仏教解説書でも「無心」はわたしたちが到達すべき深い境涯として尊ばれています。

それでは、お悟りを開かれた釈迦さまに「我」は無いのか、有るのか。

八〇歳にして最後の旅を続けられていたお釈迦さまは、ナーディカ村にてただ一人の侍者アーナンダに次のように告げられています。

「わたくしには地獄は消滅した。畜生のありさまも消滅した。餓鬼の境涯も消滅した。悪いところ、苦しいところに堕することもない。わたしは堕することの無い者である。わたしは必ずさとりを究める者であると。」（出所：前出『ブッダ最後の旅』P49）

お釈迦さまは聖者の流れに踏み入ったお方です。にもかかわらずお釈迦さまは自らを、さとりを「究める者」とされています。ここには、さとりを究めるという「我」があります。これはわたしたち衆生とは比べものにならない「我」ですが、さらにさとりを究めるという尊い「我」です。

お釈迦さまの言葉にもっとも近い詩句を集成した聖典のひとつに『スッタニパータ』（『ブッダのことば』中村元訳、一九八四年、岩波書店）があります。その第一　蛇の章には「犀《さい》の角のように独り歩め」という記述が三九も出てきます。三つ挙げてみます。

「林の中で、縛られていない鹿が食物を求めて欲するところに赴《おもむ》くように、聡明な人は独立自由をめざして、犀の角のようにただ独り歩め。」

「葉の落ちたコーヴィラーラ樹のように、在家者のしるしを棄て去って、在家の束縛《そくばく》を断《た》ち切って、健《たけ》き人はただ独り歩め。」

「われらは実に朋友を得《え》る幸《しあわせ》を讃《ほ》め称《たた》える。自分よりも勝《すぐ》れあるいは等《ひと》しい朋友には、親しみ近づくべきである。このような朋友を得ることができなければ、罪過《つみとが》のない生活を楽しんで、犀の角のようにただ独り歩め。」

この「犀の角のように」とは、犀の角が一つしかないように、求道者は他人から何と言われようと自分自身の信念にしたがって歩みなさいという意です。

「独り」というと、わたしたち仏教徒は「独覚」（一人山にこもって修行する人）を連想しますが、お釈迦さまも二九歳から三五歳までの間は一人山中で厳しい修行をされました。ある意味で「独覚」です。「独り歩め」には、「我」の存在を認めることができます。

この他、お釈迦さまには「自らを頼りしして生きよ」という教えがあります。このように見てくると、お釈迦さまも「我」を否定していません。その「我」とは求道の「我」、さとりを究める「我」といってよろしいと思います。お釈迦さまにも「我」はありました。

お釈迦さまの「我」も、わたしたち衆生の「我」も縁によって生じ因縁によって滅する「我」です。わたしは、「我」に良い、悪い、があるとは思いませんが、向上心とか、真理・真実を究めようとする「我」は是認さるべきものと考えています。

「森林限界」に挑戦する

わたしは将棋にはまったく不案内ですが、藤井聡太氏が新しいタイトルを獲得した後に、何を話すか、いつも大変関心をもっています。中でも彼が棋聖、王位、叡王、竜王に次いで王将戦に勝ち、一九歳六か月という史上最年少で五冠を達成した翌日の記者会見は、わたしの胸にグサリと突き刺さるものでした。

藤井氏は、自身の現在地について「富士登山に例えればどのあたりか」と尋ねられたのに対し、まず
「将棋は奥が深いゲーム、どこが頂上なのか全く見えない」

と答えました。これはある程度予想の範囲内で、質問者も周りのひとたちも「八合目」とか、「五合目」、場合によっては「一合目」という答えを予想していたでしょう。ところが藤井氏の答えは誰も予想できない林業の専門用語でした。

「森林限界の手前というか、まだまだ上の方には行けていないと思う」

おそらくほとんどの出席者が理解できなかったと思います。わたしも調べて始めて知ったのですが、「森林限界」とは、環境によって高木が育たず森林を形成することができない境界線のことです。緯度が高い地方や高山では、「低温」や、「乾燥」「過剰な水分」「硫黄」「超塩基性土壌」などの影響によって境界が線上に現れます。これが森林限界で、北海道の山では一〇〇〇メートル、日本アルプスの中部山麓地帯では二五〇〇メートル、富士山の南斜面でもやはり二五〇〇メートル付近とされています。

これをもって藤井氏の森林限界が富士山の二五〇〇メートルとか、何合目と考えるのは何の意味もありません。むしろわたしは、「森林限界」の概念に至った藤井氏の思考

回路や、その限界を超えた未知の世界、ＡＩ（人工知能）との対局、未踏の領域への挑戦に関心があります。そして「森林限界」にヒントを得てわたし自身の「森林限界」とは何かに思いを馳せてみました。

『真逆の般若心経』の森林限界とは何か？

『般若心経』の森林限界は何か？

「空」の森林限界は何か？

わたしは今、これらの森林限界に挑戦し、それを超克することによって成長しようと考えています。わたし自身の「森林限界」とは何か、ということです。

八二にして八十二化す

『論語』の仲尼弟子列伝には、孔子が師と仰ぐ人が記されています。その一人に衛の国の大臣を勤めた蘧伯玉《きはくぎょく》がいます。

「子曰く、直なるかな史魚《しぎょ》、邦に道有るにも矢の如く、邦に道無きにも矢の如し。君子なるかな蘧伯玉、邦《くに》に道有れば則ち仕え、邦に道無ければ則ち巻いて之《これ》を懐にすべし」

「矢の如し」とは矢のように真っ直ぐということ、「則ち巻いて之を懐にすべし」とは退いて才能を隠しておくということです。

蘧伯玉は、孔子が「君子」と呼ぶほどの人物で、『淮南子』（漢の淮南王《わいなんおう》劉安が学者を集めて作った書で治乱興亡の歴史・逸話・瑣話が記されている）には、

「年五十にして四十九年の非を知る」

と記されています。齢五〇になってそれまでの四九年間の生活が間違っていたと反省しているのです。さらに『荘子』には、

「行年六十にして六十化す」

とあります。六〇歳にして六〇回化したというのです。毎年自らを省みて六〇回変わっていったというのです。

『般若心経』の「空」の視点からすると、わたしたちは年々、というより刻々と変わっています。わたしは、自己を自ら意識的に省みて絶えず変革していくことが大切であると思っています。

孔子の時代には、五〇〜六〇という年齢は今では七〇〜八〇歳くらいになります。物忘れとか、認知症が心配される年代です。わたしも八二歳になりました。蘧伯玉や孔

子、お釈迦さまのような聖人ではありませんが、今年（令和五年）は八三になります。毎年、一年ずつ化す生涯を続けていきたいと考えています。

「老死」を有りのままに受け入れる

「十二因縁」の最後の第十二支は「老死」です。

「老死」は、人生でわれわれが誰も向き合わなければならない宿命です。それ故に古来、宗教・哲学・詩文・芸術などさまざまな分野において、人々は老・死をテーマに取り上げてきました。ここでは、お釈迦さまの成道のときのお悟りが「十二因縁」であったことに鑑み、お釈迦さまが老死にどのように向き合われたかを見てみます。

「老死」は誰も避けることはできません。極めて難しいことですが、「老死」を有りのままに受け入れることが現実的です。

われわれは、お釈迦さまを自分たちとはまったく異なった特別な存在と考えていますが、お釈迦さまは、三五歳のときブッダガヤーで大悟成道され、四五年間ガンガー（ガンジス）河流域で修行者・民衆の教化活動に努められました。しかし、八〇歳の最後の旅で恐ろしい病に倒れてしまいます。『大パリニッバーナ経』には次のように記されています。

「そのとき尊師は次のように思った、――『わたしが侍者たちに告げないで、修行僧たちに別れを告げないで、**ニルヴァーナに入る**ことは、わたしにはふさわしくない。さあ、わたしは**元気を出して**この**病苦をこらえて、寿命のもとを留めて住することにしよう**』と。」

（前出：『ブッダ最後の旅』――大パリニッバーナ経――、P61）

「ニルヴァーナに入る」ということですから死を覚悟されていたことがうかがえます。お釈迦さまといえども「十二因縁」を免れることはできませんでした。大切なことは、お釈迦さまはこの苦痛を忍受され、病を克服されたのです。ニルヴァーナを恐れることも、ニルヴァーナに動揺することもありませんでした。「寿命のもとを留めて住する」とあるように、寿命を保つために体力と気力の限りを尽くされました。これが**お釈迦さまの凄さ**で、われわれが見習いたいことです。お釈迦さまは高齢化社会の鑑です。

「因縁」を育てる

「因縁」を別の視点から見てみます。「因縁」という言葉は、われわれが日常何気なく使っていますが、「因」も「縁」も、「因縁」も根本的に仏教用語です。

まず『織田佛教大辞典』によると、「因」とは「果を造るもの。即ち原因なり」とあります。「縁」とは「原因をたすけて結果を生じさせる作用」です。

たとえば、ここに花が咲いているとしましょう。この花は、種子が土壌の栄養分や水分を取って芽を出し、太陽の光や熱を受けて成長し、花開いたものです。この種子を「因」といい、栄養分、水分、太陽の光、熱を「縁」といいます。

仏教では、**この世に存在するものはすべて因縁によって生ずる**と説かれています。『真逆の般若心経』では、この因縁を無と観じずに、良い因縁は大きく育てていこうと考えます。花を例にとると、種子は小さくても、十分に栄養を施し、水を遣り、太陽の光と熱を十分に当てれば、種子は大きく育ち、茎は成長し、花は美しく咲いてきます。春になって、さまざまな花が色鮮やかに咲き乱れている風景を見ると、水や気温、太陽の光、熱などが花の開花に欠かせない縁となっていることがわかります。

人間の成長にとっても、教育、運動、学問、家族、人間関係などさまざまな因縁が与《あずか》っていることは間違いありません。現代世界には、気候変動、貧困、貧富の格差、暴力、難民、人種差別、戦争などさまざまな問題が起きていますが、いずれにも因があり縁があって発生しているものです。資本主義と反資本主義、保守主義とリベラリズム、国家間の対立、人種間の対立などを政治的に解決しようとしてもなかなか難しい。それぞれの「因」と「縁」を解きほぐしていく以外解決の方法はありません。「因縁」を宇宙、自然、人類、人生の広い範囲に当てはめ、良い因縁を育て悪い因縁を除いていくのが現実的であると考えています。

6——「苦集滅道」も有る

苦諦・集諦・滅諦・道諦

観自在菩薩の説法は、「十二因縁」から「苦集滅道」に進みます。

「苦集滅道」は、「四諦」といわれ、「中道」「十二因縁」とともにお釈迦さまが成道のときにお説きになった大切な教えです。お釈迦さまは、この教えを生涯、修行僧や民衆にお説きになりました。

「四諦」（「四聖諦」ともいわれる）とは、「苦諦」「集諦」「滅諦」「道諦」という四つの基本的な真理のことです。

「苦諦」とは、人生は一切が苦であるという真理。

「集諦」とは、苦には煩悩、愛欲などの原因があるという真理。

「滅諦」とは、苦の原因を滅すれば苦は滅するという真理。

「道諦」とは、苦を滅するには八正道という正しい道を実践しなければいけないという真理。

『般若心経』では、人生をすべて苦と見ているために暗いとか、悲観的と見られています。勿論、われわれは日常多くの苦難に直面していますが、『真逆の般若心経』では、苦ばかりでなく、楽も、愛も、欲も、執着も有りのままに見るという姿勢になります。

大切なことは、われわれの人生には何事につけても原因と結果があることです。たとえば、かつてわたし自身アメリカで、『ニューヨーク・タイムズ』紙や『ウォール・ストリート・ジャーナル』紙など有力紙からの取材を受けたり、ワシントンのシンクタンクや議会・政府機関での調査をしたりと、当時としては質の高い仕事ができた背景には、自分の努力・体力・気力・年齢に加えて、人間関係（上司・部下・周囲）、家族の協力などさまざまな原因が重なって可能になっています。一つのいい原因が好結果を生み、それが、次の原因となってさらにいい結果を生むという好循環になっていました。

逆に大学経営者だった時には、開校以来の定員不足を解消した一方、教授会の運営には失敗しました。基本的には教授会という組織が民間企業とはまったく異質であるという理解を欠いていたこと、一部教授・職員の性格・行動に対する理解を欠いていたことによるものです。さらには、大学をアカデミックな学問・研究・教育の場と理想的に捉えていたためです。このように、失敗したときの経緯を反省してみると、それは他人のせいではなく、自分自身に原因があって失敗に陥っていたことがわかります。自分自身に責任があります。日常生活や人生においては、このような原因と結果を有りのままに見ていくことが大切です。そうすると別の新しい道が開けてくるように思います。

「四諦」を「有」に置き換えることができるか

ここでも、「無明」と同じ問題が生じて当然です。しかし「四諦」も、『般若心経』の中で観自在菩薩が舎利子に説いたお釈迦さまの教えの一つです。『般若心経』ではこれらすべての教えが「無」となっています。『真逆の般若心経』においてはすべてを「有」と置き換えて然るべきと考えます。「四諦」のみを「無」としておくわけにはゆきません。

7――智も有り、得も有る

「有苦集滅道」に続く「有智亦有得」（智も有り、亦得も有り）」は、観自在菩薩がこれまで舎利子に説いた法話を受けたものです。観自在菩薩は、

「五蘊→六根・六境・六識→十二因縁→四諦」

という順序でお釈迦さまの教えを説いてきました。「智も有り、亦得も有り」とは舎利子がそれを体得したということです。したがって、「智も有り」「得も有る」を、一般的・世間的な「智」「無智」、あるいは「損」「得」から論じてもまったく意味はありません。

舎利子はこの観自在菩薩の法話をすべて体得することができた。真に理解できた。これが、「智も有り、亦得も有り」ということです。

8――『般若心経』も変化する!!

『般若心経』は、五蘊には永遠不変の実体はなく常に変化しているという「空」の思想によって構成されています。この考えに従えば、『般若心経』も永遠不変ではなく変化するものであると考えてよろしい、とわたしは思っています。

言うまでもなく、『般若心経』は、大乗仏教に分類される般若経典群の思想の核心を漢字二七六文字に集約したお経で、紀元後二～八世紀に書かれたとされています。

人類の知的領域には、芸術、文学、哲学、化学、科学などさまざまな分野がありますが、すべて『般若心経』の世界を通してみることができます。特に物理学は面白い領域です。

『般若心経』が作られた時代には近代物理学という学問はありませんでした。近代物理学・近代天文学・近代科学の父と呼ばれるガリレオ・ガリレイは一五六四～一六四二年の人。数学者、物理学者、天文学者で光と色の光学の問題を解決し、運動の三法則、万有引力の法則を打ちたてたアイザック・ニュートンは一六四二～一七二七年の人です。

日本では室町時代末期〜江戸時代中期になります。

以後物理学の分野ではさまざまな業績が達成され、アルベルト・アインシュタインが「特殊相対性理論」「光量子と光電効果」「ブラウン運動」の三つの理論を発表して二〇世紀の物理学の扉を開きました。

わたしは物理学には不案内ですが、『般若心経』の空の理解を深める上で「量子論」「光子論」には大変関心をもっています。

二〇二二年のノーベル物理学賞はアラン・アスペ、アントン・ツァイリンガー、ジョン・クラウザー、クラウス・ハッセルマンの四人に与えられましたが、気象学者のハッセルマンを除く三人が量子物理学者です。この内、アスペ教授とクラウザー博士は、二つの光などの量子がお互いどんなに遠くに離れていても片方の量子の状態が変わると、もう片方の量子の状態も瞬時に変化するという、「量子もつれ」の現象が実際に起きることを実験を通して証明しました。

量子とは、粒子と波の性質をもつ物質やエネルギーの最小単位のことですが、量子も実体のある存在ではなく条件によって変化することが証明されたのです。縁起の状態です。このように量子は「空」そのものです。

量子の存在はすでに物理学によって明らかにされていますが、現代物理学の成果は「五蘊はすべて空である」という『般若心経』の説くところに合致しています。

五蘊は量子です。
色も量子です。受・想・行・識も量子です。
眼・耳・鼻・舌・身・意も量子です。
色・声・香・身・触・法も量子です。
眼界ないし意識界も量子です。
無明も、無明の尽きるのも量子です。
老死も、老死の尽きるのも量子です。
苦・集・滅・道も量子です。
智も、得も量子です。

「光子」についても同じです。
さらに物理学だけでなく、脳医学、遺伝子工学、化学などさまざまな学問の進歩に伴って『般若心経』の世界も変化するとわたしは考えています。

『真逆の般若心経』は現実の世界に生きていますから、学問の進歩に対応していかなければ時代遅れになってしまうと気を引き締めています。

第七章　菩薩の悟り：心に罣礙なし

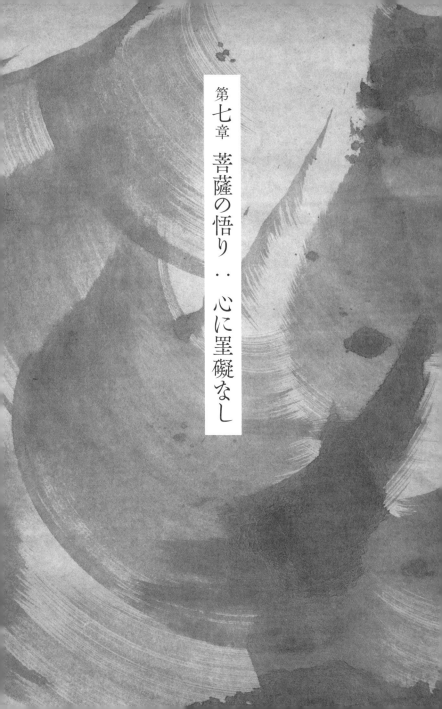

〈漢訳〉

以有所得故《いーうしょうとくこう》。菩提薩埵《ぼーだいさったー》。依般若波羅蜜多故《えーはんにゃはーらーみーたーこー》。心無罣礙《しんむーけいげー》。無罣礙故《むーけいげーこー》。無有恐怖《むーうくーふー》。遠離一切《おんりーいっさい》顚倒夢想《てんどうむーそう》。究竟涅槃《くうぎょうねーはん》。

〈訳文〉

得る所有るを以ての故に。菩提薩埵は、般若波羅蜜多に依るが故に、心に罣礙無し。罣礙無きが故に、恐怖有ること無し。一切の顚倒夢想を遠離して涅槃を究竟す。

1――菩提薩埵：悟りの境涯

『真逆の般若心経』は、『般若心経』がそうであるように、ここで局面が大きく転回します。これまでは、舎利子に対する観自在菩薩の法話でしたが、ここからは「得る所有るを以ての故に」と菩提薩埵の悟りに入ります。

問題は「得る所（所得）」です。何を得たのでしょうか。

この「得」も、得をする、損をする、という世間の「損得」とはまったく関係ありません。「得る所有るを以ての故に」と「**故に**」がついているのは、前のパラグラフの「智も有り、亦得も有り」を受けているからです。つまり菩提薩埵は観自在菩薩が舎利子に説いた説法を完全に体得できたのです。それが「得る所有る」です。つまり「仏の智慧」です。これに対して『真逆の般若心経』では、衆生がそれぞれ智慧を得て、それぞれの生活・人生を充実させていく道を説いています。

わたしは本屋巡りをするのが好きで、いつも棚に並べられている本を手にして斜め読みしていますが、最近は年のせいでしょうか、わたしと同じ年代とか、五年～一〇年上の方々があるいは趣味を生かし、あるいは過去の経歴に基づいて本を書いている姿に感銘を受けています。また新聞・雑誌に休験談を寄稿したり俳句を載せたりしている姿を目にすると、私は自分の力をさらにつけていかなければいけないと思っています。そして力不足を感じた時は、またそれを補うべく精進するのです。

『真逆の般若心経』の執筆中に私が必要性を感じたのは、東洋・西洋哲学・仏教学を学び直すことと、わたしの弱点である物理学など科学の基礎知識を習得することでした。哲学・仏教学についてはこれまで若干の知識の蓄えもありましたが、量子物理学などについては、わたしは純文系の人間で、高校でも大学でも物理学を選択していません。そのためわたしの物理学に関する知識は、若干の科学史やガリレオ・ニュートンに関する本、アインシュタインの著作二冊、その他新聞・雑誌の記事程度のものです。

『真逆の般若心経』で「五蘊皆空」を論じるにはこれでは不十分であることは十分自覚しています。すなわち「得る所有る」と体験するためには、これだけを以てしても並々ならぬ学習が必要だ、ということです。

本書は、われわれの五蘊を全面開化させることを目指していますので、「得る所有る」とはどういうことか、その景色を見るまでわたしの精進は続きます。

2——心に罣礙なし

「心に罣礙無し」について「岩波文庫本」の『般若心経・金剛般若経』には次のように記されています。

「心を覆うものがないとは、迷悟・生死・善悪等の意識によって心を束縛されることがないという意味である」。

ほかの『般若心経』解説本にも、

「心にこだわりが無い」

「心にわだかまりが無い」

と記されています。この「こだわりの無い心」「わだかまりの無い心」は仏教でもっとも尊ばれている心です。どの仏教書を読んでも、ものごとにこだわってはいけません、わだかまりをもってはいけませんと説かれています。仏教の専売特許といってもよいでしょう。

わたしが若いころ、高田好胤《こういん》薬師寺管長（当時）が「かたよらないこころ、こだわらないこころ、とらわれないこころ、ひろく、ひろく、もっとひろく――これが般若心経、空のこころなり」と参拝者や修学旅行生たちに語りかけるとともに、全国を行脚・説法しておられました。人気のある気鋭の説法師でした。説法を聞く人たちも感動して大きな声を挙げて唱和していたものです。

この「かたよらないこころ」「こだわらないこころ」「とらわれないこころ」を真に得ることができれば『般若心経』の「空」の心を得たということになります。この「空」の心を日常生活の万事にわたって実践していくことが大切です。

しかし、実をいうとこれではまだ真の悟りにはいたっていない、とわたしは考えています。

「こだわりが無い心」「わだかまりが無い心」には、まだ「こだわりが無いという心」「わだかまりが無いという心」が残っています。真の悟りとは、この心も無くならなければいけないのです。したがって「空」の心とは、「こだわりが無いという心も無い心」「わだかまりが無いという心も無い心」まで深くなり、さらに「無い心」が深まり深まっていって、遂には「絶対無」にまで到達しなければ真の「空」の心とは言えません。

わたしは、この「絶対無」の心は、言葉ではなく、長年の実践的修行によって得られるものと考えています。

それでは、衆生も「絶対無」の心を得ることが可能でしょうか。わたしの経験では「可能」です。

そのためには即今《そっこん》の一事（今していること）に心を集中することです。本を読むときは読書に心を集中する。外《そと》に心を向けない。ものを書くときは執筆に心を集中する。外に心を向けない。お経を読むときは読経に心を集中する。外に心を向けない。食事をするときは食べることに心を集中する。外に心を向けない。人と話をするときは会話に心を集中する。外に心を向けない。万事このようにすれば心そのものがなくなります。それが「こだわりの無い心」「わだかまりの無い心」です。

3——恐怖《くふ》有ること無し

「恐怖」とは、われわれの日常生活においては「きょうふ」ですが、ここでは『般若心経』がそうであるように「くふ」と読みます。

考えてみるに、われわれの心の中でもっとも深刻なものが「恐怖」ではないでしょうか。死の恐怖、戦争の恐怖、貧困の恐怖、放射能の恐怖、さらに今の時代は新型コロナウイルスの恐怖、ジェノサイドの恐怖と枚挙にいとまがありません。いかなるものであれ、恐怖はわれわれの心から生まれるものです。『般若心経』では、

「(心に) **罣礙無きが故に、恐怖有ること無し**」

と説かれています。心にこだわりが無ければ恐怖は生じない、心にさまたげが無ければ恐怖は生じない、と説いているのです。

しかし自分自身を見つめてみると、どうしても恐怖にこだわってしまいます。その恐怖が深刻であればあるほど、こだわりは強くなってきます。恐怖に振りまわされることになります。

それでは、どうすればよいのでしょうか。

ある『般若心経』解説本には、「般若波羅蜜多すなわち『般若経』をひたすら崇め敬うことで、心には迷いも苦しみも恐怖もなくなる」と記されています。確かに信じるということは大切で、ひたすら信じれば恐怖は消えていくかもしれませんが、私の考えでは、「恐怖有ること無し」とは、恐怖に「こだわらない心」、さらには「こだわらない心も無い心」です。これが「恐怖有ること無し」です。「仏の智慧」です。病も、老いも、死も同じです。病に「こだわらない心」「こだわらない心も無い心」、老いに「こだわらない心」、「こだわらない心も無い心」、死に「こだわらない心」「こだわらない心も無い心」です。

菩提薩埵は、菩薩としての厳しい修行の後に「心に罣礙無し」の境涯にいたったのです。

4――倒錯した想いを捨てる

次に「一切の顚倒夢想を遠離して」しあります。この「顚倒」も仏教語で、煩悩のために誤った見方・在り方をすること、真理にたがうことです。「夢想」とは、夢のようにあてもないことを想うことです。

したがって、あらゆる倒錯した見方・在り方を離れよということになりますが、わたしは、「心に罣礙無し」「恐怖有ること無し」と同じように、「倒見を離れる」というだけでは涅槃に至ることはできないと考えています。

それではどうすればよいでしょうか。**顚倒夢想も正見も離れること**です。それが真の「仏の智慧」です。「**倒見も正見も離れる**」。ここに留意してください。世間の知恵では、倒見を離れるのは当たり前です。でも正見まで離れる必要はないでしょう。しかし、わたしの考えでは倒見は「二辺の一辺」です。正見も「二辺の一辺」です。「**仏の智慧**」**では、倒見からも正見からも離れています**。

さらに附言すれば、「仏の智慧」には**極楽**も、**永遠のいのち**も、**理想**もありません。

逆に、**地獄**も、**死**も、**現実**もありません。ただ「**空**」です。

このような見解は、わたしの知る限り、どの『般若心経』解説本にも見出すことはできませんが、間違いがあれば、ご指摘いただければと思います。

5――涅槃の境地

このパラグラフの最後は、「涅槃を究竟す」です。菩提薩埵は、修行の成果あって、心に罣礙が無くなり、恐怖が無くなり、一切の倒錯した考えを離れることができて、涅槃を究竟するにいたった、というのです。

涅槃の原語は「nirvāna」（ニルヴァーナ）の音訳で、吹き消すこと、消滅の意です。煩悩を断って絶対的な寂静に達した境地で、仏教では最高の境地とされています。

わたしは自身の個人的体験からすると、『般若心経』を読経していると「五蘊皆空」から始まり、「諸法空相」「六根」「六境」「六識」「十二因縁」「四諦」とたんたんと進んでいくのですが、このパラグラフにいたって心が高揚し、

「**心無罣礙。無罣礙故。無有恐怖。遠離一切顚倒夢想。究竟涅槃**」

と次第に心が高まってきます。

これはなぜかというと、菩提薩埵は、厳しい修行の成果が結実して「仏の智慧」を手に入れることができたからです。このような感激は、禅の行者、法華の行者、密教の行

者を問わず修行の実践者に共通するものであると思います。この瞬間は、修行者にとっては無上の感激です。涙にむせぶ修行者もいます。これが涅槃の境地です。

6――衆生にとっての涅槃

このような涅槃は菩薩、あるいは仏道修行者の涅槃です。それでは衆生にも涅槃はあるでしょうか。わたしの考えではあります。今述べた「無上の感激」「涙にむせぶ」という言葉に注目してください。みなさんはどういうとき無上の感激を味わうことができますか。涙にむせびますか。さまざまあると思いますが、学問・研究にせよ、スポーツにせよ、経営課題にせよ、長い間の努力が報われたときです。厳しい試練に耐え切ったときです。ノーベル賞は、物理学、化学、生理学、医学を問わず数年から一〇年、二〇年、あるいはそれ以上の長い期間の地道な研究業績に賦与されています。WBCで日本人に感動と涙を与えた若者は、小・中・高校生のころから野球一筋に努力・精進してきました。涅槃に入る方法は、人それぞれによってさまざまな方法があると、わたしは考えています。

『般若心経』に戻ると、みなさんも毎日一度、静かに坐って瞑想し、ご自身の五蘊（体と心）を観じてください。そして、「わが五蘊は空なり」「わが五蘊は本来仏なり」と観じてください。容易なことではありませんが、次第に雑念が消え、一年、二年、さらに三年経つと心に安らぎが得られるようになります。涅槃の境地になります。他にも涅槃に至る道は人それぞれあります。

私は毎日、路傍のお地蔵さんと二つの神社にお参りしています。ひとつは、林の中で一平方メートルほどの土地に社《やしろ》もなく雨ざらしでひっそりと建てられている人目につかない神社です。そこにわたしと同じくらいの年齢の女性が毎日来られてきれいに掃除をしお花やご飯、果物などをお供えしています。彼女は最後に手を合わせ、『般若心経』を唱えて帰られます。神社で『般若心経』というと不思議に感ずる方もおられると思いますが、聞いてみると彼女は『般若心経』の内容とか空には不案内です。清掃をすませて、ただひたすら神社に向って『般若心経』をお唱えする。わたしも、一緒のときはふたりで唱和していますが、話を聞くとただそれだけで安心を得られるとのことです。清々しい気持ちになるそうです。今ではわたしにとり、このお地蔵さんと二つの神社へのお参りは一日でも欠かせない行事になっています。

これは衆生にとっての涅槃の境地といってよろしいと思います。

もうひとつ、事例を挙げます。これもわたしと同じ年代の女性ですが、ご主人が亡くなられたため賃貸ビルの管理を引き継がれ、毎日ビル内を朝から夜の十時頃まで何回か熱心に見まわっておられます。廊下とか駐車場にはゴミひとつ、あるいは危険なものが落ちていないか注意して見ているとのことです。八〇歳にもなりますから相当ハードな日課です。

「大変なのになぜそんなに頑張るのですか、ひとり管理人を頼んだらどうですか」

と尋ねると、

「賃料を払ってくださるお客さんのためですから」

という答えが返ってきました。そのサービス精神は「『般若心経』の写経から学んだ」というのです。『般若心経』に書いてあることは難しくて全くわからないけど、写経で無、無、無と書いているると自然無私の精神になってくるとのことです。

これも『般若心経』によって導かれる衆生の「涅槃の境地」です。『般若心経』の功徳です。

第八章　三世諸仏の悟り：阿耨多羅三藐三菩提

〈漢文〉

三世諸仏《さんぜーしょうぶつ》。依般若波羅蜜多故《えーはんにゃはーらーみーたーこー》。得阿耨多羅三藐三菩提《とくあーのくたーらーさんみゃくさんぼーだい》。

〈訳文〉

三世諸仏も般若波羅蜜多に依るが故に、阿耨多羅三藐三菩提を得たまえり。

1――三世諸仏

前のパラグラフの「菩提薩埵」の悟りに続き、このパラグラフでは「三世諸仏」の悟りが示されています。「三世」とは、仏教で過去・現在・未来のこと、前世・現世・来世のことですが、「三世諸仏」とは、三世という永遠のときにおられる仏さまを意味します。その三世諸仏が、般若波羅蜜多の実践によって阿耨多羅三藐三菩提を得た、というのがこのパラグラフの内容です。

2――阿耨多羅三藐三菩提

「阿耨多羅三藐三菩提」ほど説明の難しい言葉はありませんが、『織田佛教大辞典』には次のようにあります。

「佛智の名。無上正偏知。無上正遍道。眞正に遍く一切の眞理を知る智慧のこと」

難しい説明ですが、「阿耨多羅三藐三菩提」とは、簡潔にいい切ってしまえば、

「仏さまの最高の正しい悟り・智慧」

のことです。後世、悟りを開かれた方々はこれをさまざまに表現されていますが、お釈迦さまは、摩訶迦葉《まかかしょう》尊者に次のように語り、法を伝えられています。

「吾に正法眼蔵《しょうぼうげんぞう》、涅槃妙心《ねはんみょうしん》、実相無相《じっそうむそう》、微妙《みみょう》の法門、不立文字《ふりゅうもんじ》、教外別伝《きょうげべつでん》あり。摩訶迦葉に附嘱す。」

ここでお釈迦さまは「不立文字　教外別伝」、すなわち「阿耨多羅三藐三菩提」は**文字で表現することも、教えで示すこともできないと**いっておられますが、たとえば美しい花を見たら「ああ美しい」とニコッと微笑む。これが「不立文字　教外別伝」です。

「阿耨多羅三藐三菩提」です。

『真逆の般若心経』は「五蘊」を有るがままに見るお経です。したがって満開の桜を見たら美しいと、感動する。カラスの声は「カア、カア」、スズメは「チュン、チュン」、にわとりは「コケコッコウ」と聞く。金木犀の香りが漂ってきたら、「ああ、いい香りだ」と感じる。季節の料理を「ああ、おいしい」と堪能する。怪我をしたら「痛い」と叫ぶ。

実に禅問答的ですが、このように「有」を有るがままに見る。「有」を有るがままに聞く。「有」を有るがままに嗅ぐ。「有」を有るがままに味わう。「有」を有るがままに感じる。「衆生本来仏なり」ですから、「阿耨多羅三藐三菩提」は衆生の智慧です。職人には職人の智慧、機械工には機械工の智慧、教師には教師の智慧があります。挙げればきりがありませんが、「衆生本来仏なり」、人には誰にも「阿耨多羅三藐三菩提」があるのです。

これで「仏さまの最高の正しい悟り・智慧」がおわかりいただけたでしょうか。これはわたしたちすべてに本来備わっている智慧にほかならないのです。

3――修行と悟りに四つの段階

これまで本書で説明してきた「五蘊」→「六根」→「六境」→「六識」→「十二因縁」→「四諦」→「菩提薩埵」→「三世諸仏」の流れの中には仏道修行者の悟りについて四つの段階が示されています。それは、⑴声聞、⑵縁覚、⑶菩薩、⑷仏という四つの段階です。

「声聞」とは、仏の説法を聞いて悟る修行者のことです。本来は仏弟子を意味していましたが、後に大乗仏教の立場から自利のみを求める小乗の修行者として批判されるようになりました。主として、「**四諦**」**の法を観じる修行**によって悟りに達します。

「縁覚」とは、「**十二因縁**」**の法を観じる**ことによって悟りを開く修行者のことで、声聞とともに小乗の聖者とされています。

菩提薩埵は、般若波羅蜜多の実践によって「心に罣礙無し」の境地にいたります。これは「**菩薩**」**の悟り**です。「菩薩」とは、自利（自分の利益）だけでなく利他（他人の利益）をも求める修行者のことです。

三世諸仏は、般若波羅蜜多によって「阿耨多羅三藐三菩提」を得ます。これは「**仏の悟り**」です。「仏」は、完全な悟りを得た人のことで仏陀と呼ばれています。

このように「声聞の悟り」「縁覚の悟り」「菩薩の悟り」「仏の悟り」と順次悟りの段階が上がっていきます。わたしは、学者・研究者ではなくて一介の修行者ですから、どうしてもこのような仏道修行・悟りという実践面に心が向かっていきます。

4――衆生の悟り

「悟り」というと、衆生とは縁遠い世界のように思われがちですが、わたしたちの生活を見まわしてみますと、「試験」とか「資格」「技術」「熟練」など、学問、努力、精進によって段階の上がっていく分野がたくさんあります。

たとえば、「資格」を取り上げると、自動車免許のようにわたしたちが社会生活を営んでいくうえで欠かせないものもあれば、教師、公務員、医師、弁護士（法曹）のように社会や組織内での地位・立場を示すために不可欠な資格もあります。また今の時代は、社会の多様化や雇用の不安定化を反映して、就職に役立つ実践的資格が人気となっています。いずれにしても、「資格」や「技術」については、高い段階のほうが社会的地位や組織内での立場が有利になるため、受験者は、好成績で合格すべく努力・精進するわけです。

近年は、わが国では、競争とか成績を否定する風潮が強くなっていますが、壮年期をアメリカの激しい競争社会で過ごしたからでしょうか、わたしは今もって、競争・努力・精進は、個人としても、企業・国家としても成長のための必要条件であると考えています。グーグル、アップルなどＧＡＦＡのような国際的な成長企業は、アメリカの競争社会から生まれたものです。それは、個人レベルでも企業レベルでも極めて厳しい競争社会です。近年、世界で日本の経済的存在感が低くなっているのは、日本の国家・社会が弛緩しているからです。対外競争力が衰えているからです。昨今の著しい円安も日本の国力低下の反映です。

5——日本への危機感

最近わたしが深く憂慮しているのは、このような日本の国力の低下です。

わたしが国際エコノミストとしてニューヨーク、ワシントンで調査活動をしていた時代（一九七〇年代後半〜九〇年代前半）、日本企業は、繊維・鉄鋼などの産業から電機・通信・自動車・コンピューター・半導体など付加価値の高い戦略的重要産業で次々に競争力を強化していました。

銀行・証券会社・保険会社などの金融機関も、ニューヨーク、カリフォルニア、シカゴ、ロンドン、フランクフルトなどの金融市場でプレゼンスを高めていきました。マンハッタン、ロサンゼルス、シカゴの高層ビル、高級ホテルの日本企業による買収もマスコミで大きな脚光を浴びました。

振り返ってみると、この時代、日本人は官民ともに寝食を忘れるほど仕事に励んでいたと思います。アメリカ人は就業時間が過ぎると机の上を整理していたのに、日本人は夜遅くまで実によく働いていました。日本企業の室には一一時〜一二時までライトがついていました。

わたしなりに表現すると、日本人にとって七〇年代～八〇年代は「坂の上の雲」であったと思います。

アメリカの資本主義は、ピューリタンの「勤労精神」によって発展してきました。これに対し日本の明治以来の国際的地位の向上は、昭和に至るまで「日本精神」（日本人の勤勉さ）によって成し遂げられてきたとわたしは信じています。

6——三世諸仏と衆生の悟り

今の日本の常識からみると、このようなわたしの所見は大変な時代遅れと思われるかもしれません。また三世諸仏の世界と衆生の世界とは違っているのではないかと思われるかもしれません。

しかしながら、既述のように本書は、「衆生本来仏なり」（衆生も本来仏である）という立場をとっています。

したがって、三世諸仏が血のにじむような修行を積むことによって阿耨多羅三藐三菩提を得ることができたように、衆生もそれぞれの道において努力・鍛練・修行を重ねることによって一芸に秀でたり、比類のない技術を身につけたり、高い学問的研究業績を挙げたりすることができるのです。

国家的レベルで見ると、アメリカはテクノロジー、産業、金融、情報、通貨、エネルギー・資源、軍事、宇宙、研究力など、考えられる限りの広い分野にわたって世界的覇権を維持・強化しようと国家的努力をしています。

これに対して中国は、これまたあらゆる分野においてアメリカやEU（欧州連合）、日本に戦いを挑み、世界的覇権の奪取・確立を、目指しています。その野心たるや恐るべしです。

新興国も、先進国に追いつけ、追い抜けの姿勢です。

このような国際的競争場裏にあってわれわれには、油断、怠慢は一刻も許されません。新しい時代背景から学問、研究、修行、努力、勤労精神などの価値観を再構築しなければいけません。

衆生の阿耨多羅三藐三菩提の総和、それが日本人全体の知見でそれは研究力に反映されます。その研究力の低下も深刻です。それは日本の学者・研究者の発表する研究論文の数が先進国の中で著しく減少していることなどにあらわれています。中国と比べると格差が年々拡大しています。研究力の差は、学問のみならず産業力、国力の差につながってきます。国際的な最高レベルを目指す姿勢があってもよいのではないでしょうか。

第九章　真言の世界

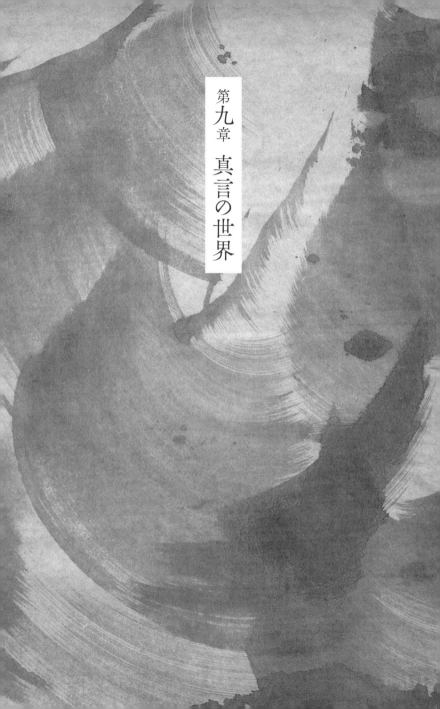

〈漢文〉

故《こー》知《ちー》般《はん》若《にゃ》波《はー》羅《らー》蜜《みー》多《たー》。是《ぜー》大《だい》神《じん》呪《しゅう》。是《ぜー》大《だい》明《みょう》呪《しゅう》。是《ぜー》無《むー》上《じょう》呪《しゅう》。是《ぜー》無《むー》等《とう》等《どう》呪《しゅう》。能《のー》除《じょう》一《いっ》切《さい》苦《くー》。真《しん》実《じつ》不《ふー》虚《こー》。

〈訳文〉

故に知るべし、般若波羅蜜多はこれ大神呪なり。これ大明呪なり。これ無上呪なり。これ無等等呪なり。よく一切の苦を除き、真実にして虚ならざるが故に。

1――四つの真言

「真言」というと、一般的には「謎めいている」とか、「神秘的」というイメージがありますが、『織田佛教大辭典』によれば、「真言」とは、次のように記されています。

「眞實の語なり」「又眞如を説くなり」

つまり真言とは仏さまの真実義のことなのです。

このパラグラフでは、⑴大神呪、⑵大明咒、⑶無上呪、⑷無等等呪の四つの真言が説かれています。

⑴大神呪とは、悪魔を降伏する大威神力をもっている呪文のことです。これは「声聞」の真言です。

⑵大明呪とは、「般若波羅蜜多」の智慧の光明が輝き、無明の闇を破除する呪文のことです。これは「縁覚」の真言です。

⑶無上呪の無上とは、上が無い、極まりが無いという意味で、この上もない呪文のことです。これは「菩薩」の真言です。

(4)無等等呪とは、比較するものもない、並ぶもののもないほどすぐれた呪文のことです。これは「仏」の真言です。

これらの真言は、「声聞」→「縁覚」→「菩薩」→「仏」と悟りが向上していく段階に対応した、真言なのです。わたしのように未熟ながらも、一歩でも二歩でもと高みを目指す仏道修行者にとっては、目標ともなり、励みともなる真言です。事実、私の場合、読経をしていると、「是大神呪」→「是大明呪」→「是無上呪」→「是無等等呪」と進むにしたがって心が昂揚してくるのを覚えます。多くの方が同様ではないかと思います。この感覚が大切です。これまさに真言の力です。

このような修行と悟りと真言の段階は、年齢・職業の如何を問わずわれわれの日常生活や人生とも密接に関係しています。その自覚と実践が一人ひとりの運命を切り開く力となります。この真言が「真実にして虚ならざるが故に」、わたしたちの「一切の苦を除くことができる」というのです。

「これは本当だろうか」と思われるかもしれませんが、わたしは「本当である」と信じています。

「真言」は、その語からして「真言宗」の専売特許のように考えている方が多いと思いますが、実はわたしが法籍を置いている禅宗においても、①「大悲呪《だいひしゅ》」、②「仏頂尊勝陀羅尼《ぶちんそんしんだらに》」、③「消災呪《しょうさいしゅ》」、④「郤瘟神呪《ぎゃくおんじんしゅ》」など、毎日唱えているお経のほとんどが「真言」なのです。①③④のお経には「呪」という語がついています。『般若心経』の「是大神呪、是大明呪、是無上呪、是無等等呪」の「呪」です。②はズバリ「陀羅尼」となっています。「陀羅尼」とは「真言」に同じです。

それではなぜ、この真言が一切の苦を除いてくれるのでしょうか。『安穏への秘鍵禅門陀羅尼の世界』野口善敬編、二〇〇七年、禅文化研究所、P41～42）によると、これらのお経には次の功徳があるとされています。

①病気を中心としたあらゆる災厄の消去、諸神の加護。悪業・重罪の消滅。修行の成就。悪い死に方をしない。五穀豊穣。様々な国家の災厄が除かれ万民が安楽となる。家内安全。

②悪道に堕ちる罪業を除去し、悪道の苦しみを破ること。寿命を増し、病苦からも解放。

③惑星や星座による災厄の回避。国や家、人を外敵から守り、長寿を得させる。

④流行伝染病にかからない。

われわれの思いつく限りの功徳が列挙されていますが、この真言は、声に出して唱えるだけで所定の功徳があるとされています。したがって『般若心経』についても、「是大神呪　是大明呪　是無上呪　是無等等呪」と声を出して唱えるのです。是れ是れこういう功徳があるからと、功徳を描いたり功徳を願って真言を唱えるのは邪道です。ただひたすら声を出して真言を唱える、そうすることによって「一切の苦厄が除かれる」のです。

わたしたちは神社に参拝するときお賽銭をあげ、「二礼　二拍手　一礼」すると、家内安全、交通安全、健康、長寿が成就されるとして心が安らぎます。真言についても声を出して唱える。それが一切の苦を除く秘訣です。

2――即今の一事に集中する

真言は陀羅尼（ダラニ）と同じです。陀羅尼は「総持」と名づけられていますが、弘法大師空海上人は『秘蔵記』に次のように記されています。

「陀羅尼を総持と名《なづ》くる所以《ゆえん》は、**一字の中に一切の法文を含蔵す**。譬《たとえ》ば**大地の一切の事物を含持する**が如し」

この「一字の中に一切の法文を含蔵す」「大地の一切の事物を含持する」ということは「**一字がすべて**」ということです。それが「空」です。

わたしは毎朝『般若心経』を読むに当たり、「般」「若」「波」「羅」「蜜」「多」の一字、一字の中に一切の法文、一切の事物が含蔵されているものとして一途に唱えます。朝も、昼も、夜も、これを繰り返し、繰り返し、徹底して唱えます。

そうすると「**般**」「**若**」「**波**」「**羅**」「**蜜**」「**多**」の**一字、一字が一切の法文、一切の事物と一つになる境涯に入っていきます。これを自覚・体得することが**「**大神呪**」です。「**大明呪**」です。「**無上呪**」です。「**無等等呪**」です。

実は、この実践は容易なことではありません。わたしもまだ不十分な境涯ですが、やはり数年～一〇年～二〇年単位の行となります。

この一字がすべてということは、**即今の一事**（今の一事）に集中することでもあります。わたしたちにとって真言の一事に集中することは、日常生活、人生のすべてに通じる真理なのです。いつも即今の一事に集中する。即今の一事に必死になる。それが大切です。

自分の過去を振り返ってみると、いつもそのときそのときの自分に課された使命、自分が選択した道に必死で集中してきました。そのため都度、血尿を出したり、胃潰瘍になったり、救急車で病院にかつぎ込まれたり、飛行機上で貧血を起こしたり、何度か大変な経験をしました。このような生き方は、今の時代には誇れることでも、推奨できることでもありません。その後の六〇代～七〇代での禅修行も年齢的に実にきつい体験でしたが、即今の一事に集中する習慣は八〇歳を超えた今でも変わっていません。むしろ強まっています。一日中『般若心経』『真逆の般若心経』です。朝から晩まで「空空空…」「無無無…」「有有有…」です。散歩しているときも、寝床に入ってからも、「空空空…」「無無無…」「有有有…」です。

『真逆の般若心経』は、このような即今の一事への集中から生まれたものです。すでに記したように、『般若心経』の「無」を「有」に換えるという発想が閃いたのは数年前のことです。しかしそれを一瞬の閃きから本の執筆までもっていくには、『般若心経』の解説本・注釈本の読み込みに始まり、仏教教義の再研究を土台とした理論的構築が必要でした。もっとも意を払ったのは、「無」を「有」に換えることによって「般若経典」の枠から逸脱することがあってはならない、というものでした。そのため言葉・表現の選択や論旨の展開は試練の連続でした。

原稿は出版社からの示唆・協力もあって十数回書き直しました。このような状況ですから、『般若心経』と『真逆の般若心経』はこの数年一日たりともわたしの頭を離れることはありませんでした。テレビを見ていてもいっこうに心が向いていないことや、妻から話しかけられてもなにも耳に入らないことがたびたびありました。わたしは近年、**即今の一事への集中**をこのようにして無意識のままに実行してきました。

3——一切の苦を除く

お釈迦さまが王子の地位を捨てて修行の道に入られたのは、人生を「苦」と見て、そこから逃れる道を求めてのことでした。後にその苦は、「四苦」「八苦」として仏教教義の中で定着していきますが、お釈迦さまは六年にわたり林の中で独り厳しい修行をされたのちに「無上」「無等等」の悟りを開かれたのです。そのお釈迦さまの苦行がどのようなものであったのか、誰もうかがい知ることはできませんが、このパラグラフには

「よく一切の苦を除き」

とあります。「**一切の苦**」を除くことができたのです。「真実にして虚ならざる」は、実に味わいがあります。真言は真実の言葉です。大神呪も、大明呪も、無上呪も、無等等呪もすべて真実の言葉です。「真実にして虚ならざる」です。理屈も何もありません。素直にそのまま受け止めればよいのです。

〈苦行から遊行に〉

お釈迦さまの苦行とわたしの苦行とは比較になりませんが、今吐露したわたしの過去の体験は、外部から見ると病気までしての苦行に思えるかもしれませんが、本人にとっては決して苦でもなんでもないことなのです。わたしたちの日常生活において大切なことは、苦行、努力、精進を習慣化することです。いい換えると苦行、努力、精進に慣れることです。そうすると「苦行」は「遊行」に変わります。楽しくて楽しくて仕方なくなります。それが「一切の苦を除く」ということです。

第一〇章　修行を究める

〈漢訳〉

説《せつ》般若《はんにゃ》波羅蜜多《はーらーみーたー》呪《しゅう》。即《そく》説《せつ》呪《しゅう》曰《わつ》　羯諦《ぎゃーてい》　羯諦《きゃーてい》　波羅羯諦《はーらーぎゃーてい》　波羅僧羯諦《はらそうぎゃーてい》　菩提薩婆訶《ぼーじーそわか》　般若《はんにゃー》心経《しんぎょう》

〈訳文〉

般若波羅蜜多の呪を説く。すなわち呪を説いて曰く。羯諦《ぎゃーてい》　羯諦《ぎゃーてい》　波羅羯諦《はーらーぎゃーてい》　波羅僧羯《はらそうぎゃー》諦《てい》　菩提薩婆訶《ぼーじーそわかー》　般若心経《はんにゃーしんぎょう》

1――五種不翻の真言

『真逆の般若心経』は、このパラグラフで般若波羅蜜多の呪が説かれ、いよいよクライマックスを迎えます。その呪とは「羯諦　羯諦　波羅羯諦　波羅僧羯諦　菩提薩婆訶」という真言（陀羅尼）です。この真言は、伝統的に漢訳されることなく、梵語（サンスクリット語）をそのまま音写して用いられています。つまり「不翻」（翻訳せず）とされているのです。

しかしながら、なんとかして意味を知りたいと思うのが人情です。翻訳者も同様です。邦訳は、総じて次の二つの訳に分かれます。

「往ける者よ、往ける者よ、彼岸に往ける者よ、彼岸に全く往ける者よ、さとりよ、幸あれ」（前出：『般若心経・金剛般若経』、岩波文庫）

「悟りよ、悟りよ、より勝れたる悟りよ、より完全なる悟りよ、菩提よ、円満なれ」（出所：『真言陀羅尼』坂内龍雄、平河出版社、一九八一年）

前者の訳は、「声聞、縁覚、菩薩、仏」という人が主体、後者の訳は、「声聞の悟り、縁覚の悟り、菩薩の悟り、仏の悟り」という悟りが対象になっています。いずれにしても、修行の悟りの段階が一段、一段上がっているのです。しかしながら、この訳文ではいずれも、修行過程の向上心や修行達成時の劇的な昂揚感はまったくあらわれてきません。この真言には、修行時のひたむきな心とか、修行が成就したときの歓喜、感激が込められていますから、その心、歓喜、感激を味わうことが大切です。ただひたすら一心に「羯諦　羯諦　波羅羯諦　波羅僧羯諦」と唱えていると、真言の心が味わえるようになります。

真言を唱えるに当たっては、「有」も「無」も「空」もありません。「悟り」も「煩悩」もありません。「地獄」に墜ちないためでも「極楽浄土」へ行くためでもありません。そう願うのは邪心です。頭念を払ってただひたすら「掲諦、掲諦、波羅掲諦、波羅僧掲諦」と唱えるのみです。

2——「真逆の般若心経」

このようにして観自在菩薩は、「般若波羅蜜多」を説き尽くされました。『般若心経』は**般若波羅蜜多に始まり、般若波羅蜜多に終わっています**が、最後に「般若心経」とあるのはそのためです。般若波羅密多を説き尽した、ということです。

論理的にいうと本書において最後は「真逆の般若心経」とすべきですが、あえて「般若心経」としてあります。理由は『真逆の般若心経試論』は『般若心経』と並ぶお経と か、新しいお経を目指しているわけではないからです。この『試論』は『般若心経』の「空」「無」「有」を粘提《ねんてい》している過程で(1)「無」を「有」に換えても空の思想と矛盾することはないのではないか、(2)「無」を「有」に換えることによって『般若心経』は衆生のためのお経になるのではないかという発想から生まれました。その意味ですでに述べたように、『真逆の般若心経』は「般若経典」の範疇に属するものですし、『般若心経』とも矛盾するものではないとわたしは考えています。繰り返しますが、本書にはその確証を得たいとの想いも込められています。「試論」としてある所以です。

3——究め尽くし、究め尽くす

わたしは、本章のタイトルを「修行を究める」としました。しかしながらわたしは、「『般若心経』は究めても、究めても、究め尽くしきれないお経である」と考えています。いつの時代にも『般若心経』論が次から次へ出てくるのはそのためであると思います。

本書『真逆の般若心経』も、『般若心経』の「無」を「有」に換えたらこのようなお経になる、という発想のもとに考えてみたお経です。

『般若心経』は千数百年前に作られたお経ですが、それ以降世界は大きく変わり、人類の学問・知識は急速な進歩を遂げています。本書でもすでに、『般若心経』と「量子」について記していますが、「AI」(人工知能)や物理学(なかんずく量子力学)、脳医学、生物学、遺伝子工学、心理学など幅広い分野における近年の学問的知見は、『般若心経』の基本的概念である「五蘊」「空」「無」についてまったく新しい解釈を導入することになりそうです。

ＡＩを例にとってみます。藤井聡太九段をはじめ一流棋士は競ってトレーニングにＡＩソフトを導入していますが、最近「チャットＧＰＴ」という対話ソフトがわたしたちの身近な存在になってきました。これは「ＯＰＥＮＡＩ」が二〇二二年一一月に公開したチャットボットで、ＡＩを使って幅広い分野の質問に答える自動応答ソフトです。マスコミも競って紹介していますが、例えば、「世界で一番美しい景色は？」という質問に対してＡＩは、ＡＩの知能で感受して回答しています。

「世界で一番美味しい料理は？」という質問に対してＡＩは、認識して回答しています。いずれも、ＡＩの知能の働きによるものです。

「ニューヨークの一週間の旅行プランを作ってください」とＡＩに頼めば、博物館・史跡・レストラン巡りのプランが出されてきます。

ＡＩは文章や画像を作ることができます。興味深いのは、「ラブレターを書いてください」という依頼に対しストレートな表現が返ってくることです。人間の喜怒哀楽の感情も表すことができます。

このようにＡＩの頭脳は膨大なデータを学習し、人間と対話することができるようになっています。マイクロソフト（ＭＳ）のナデラ最高経営責任者（ＣＥＯ）が言うように、ＡＩは「新たなパラダイム」の時期に入ってきています。

このような急速な技術の進歩は、『般若心経』の「五蘊・十二処・十八界」の概念について、最新の科学的知見による新しい解釈の可能性を提供するはずです。

今後さらに技術が進歩していけば、『般若心経』はさらに「新たなパラダイム」に移行していくでしょう。私の評価ではＡＩは驚異の進化を遂げているとは言え、人間の「無明」や「阿頼耶識」には到達していません。本書の第6章で紹介した高僧の悟りにも到達していません。

このように『般若心経』は、究めても、究めても、究め尽くしきれないお経です。

本書においてわたしは、自分の能力の限りにおいて『般若心経』を究める努力をしてきました。今後も努力していこうと考えています。

終章　八二歳、わたしと『般若心経』

1――「不《ふ》頂《ちょう》不《ふ》底《てい》」

わたしは、仏教の教えであれ、偉人の言葉であれ、それを自ら血肉化することが大切であると考えています。すなわち自分の肉体の一部のようにすること、自分のものとして取り込むことです。『般若心経』も同じです。お経として毎日読誦するだけでなく『般若心経』の教えを自分のものとして現実生活の中で活用することが大切だということです。

たとえば、「六不」(不生不滅・不垢不浄・不増不減)です。わたしはこの「不」に限りない奥深さを感じ、「不」を思考ならびに行《ぎょう》の指針としています。奥深さというのは、すべての語には対極の語がありますから、不に関しても無数の組み合わせが考えられるからです。その一つとしてわたしは生活の指針・人生の指針としてある造語を思いつきました。「不頂不底」です。

「頂きもなく底もなし」。

『般若心経』は、「仏道修行者に修行と悟りの段階を示し、修行を鼓舞しているお経」です。この仏道修行者に在家の方が含まれていることは言うまでもありません。わたしが本書において、どの『般若心経』解説本よりも「修行と悟りの四段階」を強調し、上の段階に到達したときの心の昂揚と感激に言及しているのは、『般若心経』をこのように位置づけているからです。ただ仏道修行には頂《いただき》はありません。仏道修行に完成という頂点はありません。ただひたすら日々、仏道修行に励むだけです。

世の中を見ても、経営道に頂はありません。サラリーマン道にも、医道にも頂きはありません。ひたすら経営道に励む。ひたすらサラリーマン道に励む。ひたすら医道に励む。そうすれば「一切の苦厄から度脱する」ことができるのです。これが、『般若心経』の冒頭で観自在菩薩が説いていることです。

このことは万事に通用する真理であると考えられます。わたしは仏道修行者ですが、八二歳にしてまだ、国際エコノミスト、安岡正篤教学の普及者、民間企業の監査役といくつかの顔をもっています。これらいずれについても「不頂不底」の道を歩んでいきたいと思っています。

2——菩薩道を歩む

わたしにとって『般若心経』はまた、自分の歩む道を色々と示唆してくれるありがたいお経です。その一つに「菩薩道」があります。

「菩薩」とは、自分の利益（自利）だけでなく、他人の利益（他利）も求める修行者を指し、わたしたちの大乗仏教においてもっとも尊ばれている存在です。それでは、菩薩道を歩むとはどういうことでしょうか。禅宗には「上求菩提《じょうぐぼだい》・下化衆生《げけしゅじょう》」という大切な教えがあります。上には菩提（悟り）を求め、下には衆生を教化するということです。この「悟りを求め、現実生活の中で修行を積むことが「上求菩提」であり、人々のために尽くし社会に貢献していくことが「下化衆生」なのです。

わたしは、『般若心経』は「菩薩道」を説いているお経であると解していますが、悟り（菩提）にとらわれないで現実に生き、現実にとらわれないで悟りを守っていく。これがわたしの『般若心経』の実践論です。したがって、本書を執筆することも菩薩道、企業や公益財団法人のために務めを果たすことも菩薩道、家庭生活も菩薩道であると考えています。

人生とは、何ができるか、何をするか、ということであると思います。その道を愚の如く、魯の如く踏み行っていくことが菩薩道です。

衆生は誰も、それぞれの現実生活の中で菩薩道を実践しています。とくに、今の時代は、教師や保育士さん、看護師さんの仕事は菩薩道そのものです。「衆生本来仏なり」です。

3──『般若心経』とともに来世へ

「無人島に一冊もっていくなら『歎異抄』」。これはあまりにも有名な司馬遼太郎氏の言葉ですが、わたしにとっては、**「来世に一冊もっていくなら『般若心経』」**です。しかも『般若心経』であれば、頭に入っていますのでもっていく必要はありませんし、置き忘れることもありません。今やわたしは、朝も『般若心経』、昼も『般若心経』、夜も『般若心経』です。夢にも『般若心経』が出てくるほど『般若心経』に浸っておりますので、来世までともにいくことができそうです。

わたしはかねてより「生と死の境」に関心をもっています。そこで、過去二回全身麻酔の手術を受けたとき、「どこまで意識があって、どこから意識がなくなるのか」その境を見究めてみようと、麻酔を打たれた後必死に意識を見つめていました。しかし現実には、二回ともいつの間にか意識がなくなっていました。

この体験以降、わたしには**「『般若心経』を観じながら来世にいこう」**という心構えができました。死が怖くなくなりました。お釈迦さまは、ニルヴァーナに入られる前に

「初禅」（第一段階の瞑想）から起《た》って「第二禅」↓「第三禅」↓「第四禅」に入り、さらに「滅想受定」↓「非想非非想定」↓「無所有処定」↓「識無辺処定」↓「空無辺処定」と定を進められました。わたしにはとても及ばない境涯です。わたしはただ「『般若心経』とともに来世にいこう」と考えています。

一方、わたしにとって『真逆の般若心経』は、『般若心経』と並ぶ車の両輪です。「有」の世界と「無」の世界。これは世の常識からすると矛盾する相入れない世界のように思われますが、「有」も「無」ものみ込む。「清」も「濁」も併せのむ。「生」も「死」もともに受け入れることができれば、最高の人生と考えています。

一切の苦厄を度したまえり

結び

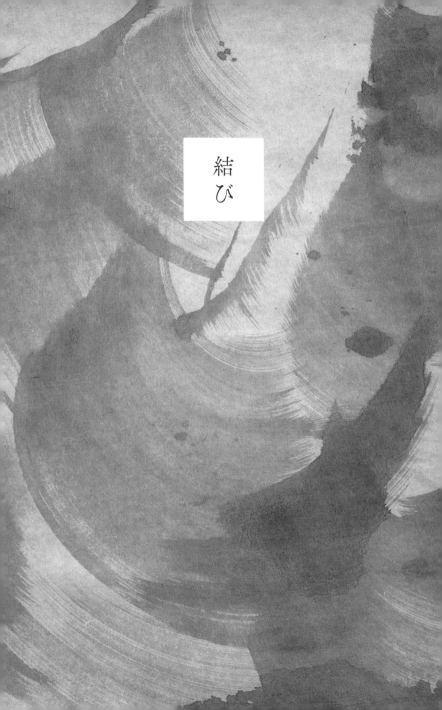

『真逆の般若心経』はお釈迦さまの教えに反していないであろうか。

『真逆の般若心経』は大乗仏教の教えに反していないであろうか。

わたしはこういう問題意識を常に問いかけながら本書の執筆を続けてきました。最後に、

1. 「中道」と「空」
2. 「大本」と「小本」
3. 部派仏教
4. 説一切有部の「有」との違い

という四つの視点について触れておきたいと思います。もとより、私は学者・研究者ではありませんので、わたしの所説に関して異論もおありだと思います。ご意見・ご批判をいただければと考えています。

1――「中道」と「空」

山中での厳しい修行の後に菩提樹の下で悟りを開かれたお釈迦さまは、サルナートの鹿野苑において五人の元修行仲間に向かって初めて仏教の教義を説かれました。これが「初転法輪」で、事実上の仏教の誕生とされています。その内容は、①「四諦」、②「八正道」、③「中道」の教えで、「四諦」「八正道」は『般若心経』にも取り入れられています。

「中道」は、普通、真ん中ととらえられていますが、お釈迦さまの教えはそういう意味ではありません。仏教の中道とは二つのものの対立を離れていること、「断・常」の二見、あるいは「有・無」の二辺を離れた不偏にして中正なる道のことです。

お釈迦さまは、このようにご自身が体験された「苦行と快楽」の二辺を離れた中道によって悟りを得、その実践の道として「八正道」を説かれたのです。中道とは「不苦不楽」、すなわちカピラ城での快楽的な生活と山中での厳しい苦行という一方に偏った生活を離れ、中道によって智恵を完成させて涅槃にいたる道のことです。

後に、大乗仏教においてはこの中道思想がさらに深化され、「有と無」、「生と滅」など日常の対立する言葉・概念を超越したところに究極的な真実を求めるようになりました。それが「すべては空である」という般若思想です。

『般若心経』では、既述のように「五蘊皆空」として「無」が二一文字出てきます。その内、一四文字は「有・無」の二辺を離れた「無」です。「空なる無」です。『真逆の般若心経』では、この一四の「無」を「有」に換えています。この「有」は「有・無」の二辺を離れた「有」です。「空なる有」です。

2――「大本」と「小本」

『般若心経』は、紀元後二世紀から八世紀ごろまでに作られた厖大な「般若経典」の真髄を短くまとめた経典で、「大本」（広本）と「小本」（略本）があります。「大本」は、多くの仏典と同じく「如是我聞《にょーぜーがーもん》」（かくのごとくわれきけり）で始まり、それによれば、お釈迦さまは多くの修行僧・多くの求道者とともに王舎城の鷲の峰で深遠な悟りの瞑想に入られたとされています。そのとき観自在菩薩が般若波羅蜜多を実践し、「五蘊はすべて有る。しかもそれらはすべて自性空である」と見究められました。

わたしは、ここに限りない興趣を覚えています。すなわちお釈迦さまはここで悟りの瞑想に入られ、観自在菩薩が見究めた「空」を是とされているのです。個人的推測ですが、「般若経典」にたずさわった人たちは、大乗仏教の空の思想についてお釈迦さまが認められたというお墨付きを記したかったのではないでしょうか。

仏教学者の三枝充悳氏は『仏教入門』の中で、大乗仏教の理念・理想として次の一〇カ条を挙げられています。

(1)新しい諸仏と諸菩薩
(2)空《くう》の思想、それに関連する六波羅蜜《はらみつ》、とくに般若《はんにゃ》波羅蜜
(3)救済と慈悲、広くいえば利他《りた》。それに関連する誓願《せいがん》、そして廻向《えこう》の新たな展開
(4)一種の現世志向と同時に彼岸《ひがん》への希求
(5)信の強調
(6)三昧《ざんまい》の浄化
(7)壮大な宇宙観
(8)自己のこころの追究
(9)方便《ほうべん》すなわち手段の重視
(10)ある種の神秘化、それには古来の伝統や当時の諸情況また土着文化の影響など
(出所:『仏教入門』三枝充悳、一九九〇年、岩波書店、P48)

三枝氏は、初期大乗経典は、これらのいずれか一つないし複数を掲げてつぎつぎに登

場した、と指摘されています。『般若心経』は、その中から「**空の思想、それに関連する六波羅蜜、とくに般若波羅蜜**」の理念を掲げて登場したわけです。

また仏教学者の渡辺照宏氏は、『仏教』の中で、次のように指摘されています。

「仏陀がすべての哲学者や宗教家の中で最大だといわれるのは縁起を説いたからである。その縁起の法をナーガールジュナは否定的論法〔空性〕を用いて説くが、それはさまざまな教典に説かれている教説〔仮名〕と同じことであり、もとをただせば仏陀が最初に説かれた〝中道〟に帰着する。」（出所：『仏教』渡辺照宏、一九五六年、岩波新書、P182）

『真逆の般若心経』は『般若心経』の読み方として「五蘊は**有る**。しかもそれらは自性空である」という空思想の「有」に着目したものです。したがって、ナーガールジュナの「空」、お釈迦さまの中道につながっていると考えています。

3――部派仏教

仏教は、紀元前五〜六世紀ごろお釈迦さまが悟りを得てブッダ（覚者）となり、初転法輪において中道を説かれたときに始まっています。お釈迦さまはこの後四五年にわたって遊行《ゆぎょう》の旅に出られ、修行僧と、民衆の教化に努められました。

お釈迦さまに心服する人々は、あるいは仏弟子となり、あるいは信者となって、仏教はインド各地に広まっていきます。その教えは、お釈迦さまの入滅後、記憶や暗唱を頼りとして受け継がれていきましたが、教えの散逸と異説の発生を防ぐため比丘（出家者）たちが集まってその教えを誦出し、記憶をお互いに確認しながら仏典を編集していきました。この作業を「結集（けつじゅう）」といい、第一回の結集はお釈迦さまの入滅直後、第二回は仏滅から一〇〇年ごろ、第三回は仏滅から二〇〇年、第四回は紀元前一世紀とされています。前後して『阿含経』『スッタニパータ』『ダンマパダ』などの原始経典も作成されていきます。

こういう中で、仏滅から一〇〇年ほど経って各地に多様な仏教教団が形成され、律の教義の解釈をめぐって対立が起きてきます。いわゆる「大衆部《だいしゅぶ》」(進歩的な解釈をするグループ)と「上座部《じょうざぶ》」(保守的で厳格な解釈をするグループ)との対立で、遂には分裂に発展、次々に分裂を繰り返していきます。「部派仏教」の時代です。その「上座部」の中の有力分派に「説一切有部《せついっさいうぶ》」(略して有部)があり、仏教史上に大きな足跡を残しています。わたしがここで「説一切有部」を取り上げたのは、有部教団の「有」と『真逆の般若心経』の「有」との違いを明確にするためです。

4——説一切有部の「有」との違い

部派仏教は、仏教史上不朽の教義体系を確立しました。それは「アビダルマ」と呼ばれ、お釈迦さまの説かれた真理をひもとき体系化した解説書・注釈書のことです。「説一切有部」の学説の根幹は「ダルマの理論」です。

『般若心経』に「諸法は空相にして不生不滅、不垢不浄、不増不減」とありますが、「法」とはダルマ、「諸法」とはもろもろのダルマということで、「アビダルマ論者」は、このもろもろのダルマの存在を徹底的に追求しました。『仏教の思想2 **存在の分析〈アビダルマ〉**』（一九六九年角川書店）によると、彼らは、ダルマを①色、②心、③心所、④心不相応行、⑤無為と「五位」のダルマに分類し、さらにこれを七十五種に細かく分析して「五位七十五法」として体系化しました。それは微に入り細にうかがっています。わかりやすくいうと「**存在の徹底的分析**」です。

そしてアビダルマ論者は、**この七十五種のダルマの実在を認めたのです。この認識こそが「五蘊皆空」「諸法空相」として実在を認めない「般若経典」との決定的な違いと**

なりました。

説一切有部は、ナーガールジュナの「空」思想を受け継ぐ「中観派」から徹底的に批判され、いわゆる理論闘争に敗れてその後力を失っていきます。**『真逆の般若心経』の「有」は説一切有部の「あらゆるダルマは存在する」という「有」とは一線を画しています。『真逆の般若心経』の「有」は「空なる有」です。「無」は「空なる無」です。**この「有」の認識の違いは『真逆の般若心経』にとって極めて重要です。

以上、縷々説明してきましたが、わたしはこのような解釈に基づいて本著『真逆の般若心経』を執筆してきました。ご意見・ご批判をいただければ大いに勉強になります。

5――まとめ

最後に『真逆の般若心経』と『般若心経』の違いを記すと次のようになります。

『真逆の般若心経』は、『般若心経』の一四の「無」の字と「不」の六文字を「有」に置き換えてみたお経です。

『真逆の般若心経』は、宇宙・万物・わたしの体と心を「有」と観じるお経です。

『真逆の般若心経』は、わたしの体と心を全開させるお経です。

眼覚・耳覚・鼻覚・舌覚・触覚・意志（心）を全開させるお経です。

『真逆の般若心経』を観じると、
宇宙が生き生きとしてきます。

万物が生き生きとしてきます。

わたしの体と心が生き生きとしてきます。

『真逆の般若心経』を観じると、
仏教観が変わります。

お釈迦さまに対する見方が変わります。

それでは本来の『般若心経』はどういうお経でしょうか。

『般若心経』には「無」が二一文字、「空」が七文字、「不」が九文字あります。

『般若心経』は、瞑想によって宇宙・万物・わたしの体と心を「空」「無」と観じるお経です。

「色・受・想・行・識」「眼・耳・鼻・舌・身・意」「色・声・香・味・触・法」「眼界乃至意識界」「無明・無明尽」「老死・老死尽」「苦集滅道」「智・得」「所得」を滅尽させるお経です。

『般若心経』を観じると、
宇宙が滅尽してゆきます。

万物が滅尽してゆきます。

わたしの体と心が滅尽してゆきます。

これらすべてが滅尽した境涯が「空」「無」です。

あとがき

筆をおくに当たり、まずもって「『真逆の般若心経』の刊行にそえて」を寄せてくださった白隠宗大本山松蔭寺管長である宮本圓明猊下に深甚の謝意を表する次第です。仏教界の伝統から外れる規格外の本であるだけにお願いするにも逡巡した次第ですが、ありがたいお言葉を寄せていただき心強い限りです。

わたしがこれまで出版してきた三十数冊の本はほとんどが経済と金融に関するもので、『真逆の般若心経』は、初めての仏教書です。本書の冒頭に記したように、わたしは禅寺の生まれで、六〇歳から臨済禅の向嶽寺僧堂で修行してきましたが、『般若心経』の「無」を「有」に換えるという前代未聞の挑戦は、仏教学者からの厳しい専門的批判が出るであろうと覚悟しています。ついてはこのようなリスクを抱えたうえで出版に踏み切ってくださったプレジデント社の書籍編集部兼書籍販売部長の桂木栄一氏には深甚の謝意を表する次第です。そして何よりも、思想的・哲学的観点から鋭いご指摘をいただき、さらに表現・語彙にいたるまで内容の充実にご協力いただいた歴思書院の清丸恵三郎氏には心よりの謝意を表する次第です。清丸氏なしに本書の刊行はあり得ませんでした。

なお本書については、自分自身でも経験しなかったほど原稿の修正を繰り返しましたが、娘の信子には原稿のパソコンへの打ち込み、ならびに出版にかかわるメールのやりとりなどすべてを任せることができました。仏教書・仏教語の難解な読み取りや漢字の打ち出しに習熟し頑張ってくれました。

妻の緋紗子には、読者の方に理解していただけるかどうか、随時、文章の表現、語彙などを相談しました。本書は家族全員の作品でもあります。

すべてのみな様に深謝です。

最後にわたしは今八二歳。『般若心経』とともに来世にいく前に、まだ決めていませんが、『般若心経を解く方程式』あるいは『瞑想し観じる般若心経』、あるいは『吾輩は般若心経である』を上梓すべく準備をしています。

令和五年五月吉日

著者略歴

水野隆徳（Takanori Mizuno）

1940年、静岡県の臨済宗妙心寺派の寺に生まれる。東京大学卒業後、富士銀行入行。調査部ニューヨーク駐在シニアエコノミストを経て独立。金融財政事情研究会ニューヨーク事務所所長、富士常葉大学学長、奈良学園理事、（公益財団法人）郷学研修所・安岡正篤記念館理事等を歴任。現在、禅と安岡教学に基づいて人道・政道・経営道を説く「水野塾」を主宰。1986年、白隠禅師ゆかりの松蔭寺の中島玄奘老師に弟子入り、2000年、赤根祥道師に学び、2001年より臨済宗向嶽寺派管長・宮本大峰老師に参禅、現在は臨済宗大本山向嶽寺塔頭にて独行に勤める。主な著書に『アメリカの罠』『円覇権への道』『水野隆徳の円とドルの読み方』『アメリカ経済はなぜ強いか』『徳と利の経世学』などがある。

真逆の般若心経

二〇二三年八月二日　第一刷発行

著　者　水野隆徳
発行者　鈴木勝彦
発行所　株式会社プレジデント社
〒一〇二-八六四一
東京都千代田区平河町二-一六-一　平河町森タワー一三階
https://www.president.co.jp/
https://presidentstore.jp/
電話　編集　〇三-三二三七-三七三二
　　　販売　〇三-三二三七-三七三一

装　幀　岡孝治
編集協力　清丸惠三郎
編　集　桂木栄一
制　作　関結香
販　売　高橋徹　川井田美景　森田巌　末吉秀樹
印刷・製本　中央精版印刷株式会社

ISBN978-4-8334-2498-1　Printed in Japan